시간 지도

KB194877

Original Japanese title:
MUDA GA NAKUNARI, SUBETE GA UMAKUIKU HONTO NO JIKANJUTSU
© Toshitaka Mochizuki 2024
Original Japanese edition published by Subarusya Corporation
Korean translation rights arranged with Subarusya Corporation
through The English Agency (Japan) Ltd. and Danny Hong Agency

가장 빠르게 목표로 가는 최적의 시간 관리 도구

시간 지도

인쇄일 2025년 2월 25일
발행일 2025년 3월 4일

지은이 모치즈키 도시타카
옮긴이 김슬기
펴낸이 유경민 노종한
책임편집 정현석
기획편집 유노북스 이현정 조혜진 권혜지 정현석 **유노라이프** 구혜진 **유노책주** 김세민 이지윤
기획마케팅 1팀 우현권 이상운 **2팀** 이선영 최예은 전예원 김민선
디자인 남다희 홍진기 허정수
기획관리 차은영
펴낸곳 유노콘텐츠그룹 주식회사
법인등록번호 110111-8138128
주소 서울시 마포구 월드컵로20길 5, 4층
전화 02-323-7763 **팩스** 02-323-7764 **이메일** info@uknowbooks.com

ISBN 979-11-7183-090-9 (03190)

가장 빠르게 목표로 가는 최적의 시간 관리 도구

시간 지도

모치즈키 도시타카 지음 | 김슬기 옮김

유노
북스

"감히 1시간을 낭비할 용기가 있는 사람은

아직 삶의 가치를 발견하지 못한 것이다."

- 찰스 다윈

무엇을 위해
인생을
살고 있나요?

이 책은 최신 과학 근거에 기반한 시간 관리와 시간 활용 기술에 관한 책입니다. 시간을 더 효과적으로 쓰고 싶어 하는 모든 사람에게 유용할 것입니다. 하지만 이 책은 단순히 시간만 말하는 책은 아닙니다. 이 책은 인생에서 가장 중요한 질문에 답하기 위한 책이 될 것입니다.

'무엇을 위해 사는가?'

약 2,000년 전 로마 제국의 정치가이자 철학자인 세네카는 이렇게 말했습니다.

"목적이 없는 인생은 단지 시간의 낭비일 뿐이다."

이는 '목적 없이 그저 빠르게 나아가는 것은 목적지에서 가장 멀어지는 것'이라는 뜻을 담고 있습니다. 그런데 제 인생이 바로 그랬습니다.

지금으로부터 30년 전, 저는 약 6,000만 엔의 빚을 지고 있었습니다. 무모한 창업과 부동산 투자 실패가 원인이었습니다. 빚을 갚기 위해 안정적인 급여를 받을 수 있는 회사원의 삶으로 돌아갔고, 밤낮을 가리지 않고 일했습니다.

그런 와중 결혼 4년째 되던 해, 아내가 첫아들을 임신했습니다. 하지만 아내는 임박성 유산 진단을 받았고 태어난 아들은 곧바로 신생아 집중 치료실로 옮겨졌습니다. 아이는 두 달간 인큐베이터에서 지내야만 했습니다. 저희가 사랑하는 아들을 만날 수 있는 시간은 하루에 단 1시간뿐이었습니다.

저는 뼛속 깊이 후회했습니다. 아내가 임박성 유산을 겪은 이유는 제가 너무나 큰 스트레스를 줬기 때문이었습니다. 그러자 문득 이런 질문이 떠올랐습니다.

'나는 대체 무엇을 위해 이렇게 열심히 살아가고 있는 걸까?'

저는 소중한 것을 소중히 여기지 못하는 삶을 그만두기 위해, 가족과 조금이라도 더 많은 시간을 보내기 위해 큰아들이 퇴원한 후 회사에 육아 휴직을 신청했습니다.

1990년대 초 일본에서 남성 관리직이 육아 휴직을 한다는 것은 전례 없는 일이었습니다. 용기를 내 회사에 말하자 놀랍게도 두 달간의 육아 휴직을 허락받았습니다. 육아 휴직 기간 동안 저는 갓 태어난 아이와 두 번 다시 없을 행복한 시간을 보냈습니다.

나에게 소중한 것을 소중히 여기는 삶

저는 매일이 기뻤습니다. 하지만 두 달 후 복직했을 때 제 자리는 없었습니다. 휴직 중에 제 자리를 훌륭히 메운 부하 직원이 제가 하던 일을 그대로 이어받게 된 것입니다. 이는 사실상 해고 통보와 마찬가지였습니다.

저는 그렇게 6,000만 엔의 빚을 진 채로 회사에서 해고당했습니다. 심지어 갓 태어난 아이를 돌보느라 경제 활동을 할 수 없는 아내까지 책임져야만 했습니다. 그야말로 절망 그 자체였습니다. 하지만 저는 이상하게도 낙담하지 않았습니다. 소중한 것을 소중히 여겼던 그 기억이 제게 값진 경험으로 남았기 때문입니다.

이후 저는 한 번 더 창업에 도전했습니다. 그 어떤 순간에서도 '정말 소중히 여겨야 할 것을 소중히 여기는 선택'을 하자 믿기 어려운 에너지와 열정이 솟아나기 시작했습니다. 마치 새로 태어난 것 같았습니다. 수없이 거절당해도 무너지지 않고 자연스럽게 앞으로 나아가는 자신을 발견했습니다.

정신을 차리고 보니 그로부터 1년 만에 6,000만 엔의 빚을 모두 갚을 수 있었습니다. 그 후 30년간 저는 모든 선택의 순간에 이 기준을 적용했고 사업은 매년 성장을 거듭했습니다. 그리고 미숙아로 태어났던 아들은 어느새 건강하게 자라 지금은 제 회사를 이어받아 운영하고 있습니다.

당신에게 '인생에서 정말 소중히 여기고 싶은 것'은 무엇인가요?

인생의 소중한 시간을 쓴다면 그런 일을 하는 데 쓰는 것이 좋지 않을까요?

이 책은 그런 여정을 돕기 위해 쓴, 완전히 새로운 시간 관리 책입니다. '1분 1초를 아껴 가며 열심히 노력하라!' 같은 시간을 단축하는 방법만 다루는 기존의 책들과는 다릅니다. 지금 나에게 소중한 것을 찾고 그 일에만 시간을 쓸 수 있는 삶을 목표로 하고 있습니다.

일러두기

당신만의
시간 지도를
펼쳐 보세요

'왜 시간을 관리하는데도 자꾸만 일을 미루게 되고 기한을 지키지 못하고 노력이 빛을 보지 못할까?'

이 책은 1분 1초를 아끼라며 시간을 단축하는 방법을 다루지 않습니다. 자신에게 소중한 일에 시간을 더 많이 쓰는 삶을 목표로 합니다. 원하는 것을 빨리 얻고 싶은가요? 그렇다면 시간에 대한 개념을 뒤집어야 합니다. 그리고 인생을 설계하는 방법과 시간을 효과적으로 관리하는 로드맵이 필요합니

다. 이 책이 시간 사용에 관한 고정 관념과 나쁜 습관을 바꿔
줄 것입니다.

저의 전작이자 세계적인 베스트셀러 《보물지도》를 통해 전
세계 100만 명의 독자가 자신의 보물을 찾았습니다. 이제 당
신의 보물 같은 꿈을 이루는 여정에서 언제든지 이 책을 펼치
세요. 삶의 우선순위를 명확히 정해야 할 때, 시간을 효율적으
로 사용해야 할 때, 눈앞에 닥친 수많은 일에 길을 잃지 않고
목적지에 도달해야 할 때 최적의 경로를 알려드리겠습니다.

책의 제목 '시간 지도'는 시간을 효과적으로 관리하고 인생
의 방향을 설계할 수 있는 청사진을 의미합니다. 또한 삶의
우선순위를 명확히 하고 효율적으로 시간을 활용해 올바른
길을 선택하는 과정을 상징합니다.

지도는 목적지에 도달하는 최적의 경로를 제시하는 도구입
니다. 이 책에서 말하는 시간 지도는 당신이 자신의 삶에서
가치 있는 목표를 설정하고, 그 목표를 향해 시간을 효과적으
로 사용할 수 있도록 돕는 방법론이라고 할 수 있습니다.

시간은 누구에게나 한정된 자원이므로 더는 낭비하지 않고
중요한 일에 집중해 삶을 보다 가치 있게 만드는 법이 필요합

니다. 즉 무작정 바쁘게 사는 것이 아니라, 정말 필요한 일에 시간과 에너지를 투자하도록 돕는 것이 핵심입니다.

지금까지의 시간 관리와 완전히 다른 궁극의 시간 관리법

이 책을 쓸 때 두 가지 'E'를 염두에 뒀습니다.

첫째는 Episode(에피소드)입니다.

제가 인생의 전환점에 어떤 생각을 하고, 어떻게 행동했는지를 생생하게 기록했습니다.

둘째는 Evidence(근거)입니다.

지난 30년간 약 1억 7,000만 엔을 투자해 각 분야 전문가들에게 배운 것을 아낌없이 반영했습니다. 지금까지 43권의 책을 집필했고 누적 판매량은 100만 부를 돌파했지만 이번 책은 그중에서도 가장 방대한 논문과 문헌을 토대로 썼습니다. 신뢰성, 안전성, 재현성은 확실하다고 자부합니다.

1장에서는 시간 관리 기술을 배우는 의미를 배웁니다.

'왜 굳이 시간 관리 기술을 배워야 할까?'

'무엇이 우리의 시간을 빼앗을까?'

'인생의 마지막 순간에 후회하지 않을 수 있는 궁극의 시간 관리 기술이 있을까?'

1장을 읽기만 해도 기존 책들과는 차별화된 '시간 관리 기술'의 매력을 느낄 수 있습니다.

2장에서는 시간 관리의 핵심인 '계획 세우기', '기한 정하기', '목표 달성을 위한 과정 만들기'를 배웁니다.

'왜 마감이 여유로울수록 기한을 지키기 어려울까?'

'목표를 달성한 순간을 선명하게 상상했음에도 우리는 왜 행동하지 못할까?'

'실현 가능성이 높은 계획은 어떻게 세우는 것일까?'

2장을 읽으면 하고 싶은 일을 거리낌 없이 모두 해내는 스킬을 익힐 수 있습니다.

3장에서는 실제로 어떻게 행동해야 하는지를 배웁니다.

'목표를 향해 나아가는 사람은 무엇을 의식하고 있을까?'
'가장 빠르고 효율적으로 결과를 얻는 사람은 어떻게 일하고 있을까?'
'멀티태스킹은 정말 효과적일까?'
'인생에서 반드시 해야 할 한 가지 일이 있다면 무엇일까?'

3장을 읽으면 시간을 낭비하지 않는 최적의 행동을 지속할 수 있습니다.

4장은 시간 관리에 대해 논할 때 빼놓을 수 없는 습관화와 루틴화에 대해 설명합니다. 가치 있는 시간을 손에 넣기 위해 습관화는 필수입니다.

'습관화에 필요한 단 하나의 습관이 있다면 무엇일까?'
'퍼포먼스를 극대화하기 위해 아침과 저녁에는 각각 무엇을 해야 할까?'
'업무 효율을 최대로 올리려면 하루를 어떻게 보내야 할까?'

4장을 읽으면 언제 어디서든 흔들리지 않는 습관의 기술을 터득할 수 있습니다.

5장은 성장과 개선에 대해 다룹니다.

'미루는 습관은 고칠 수 없는 것일까?'
'예기치 못한 불행, 마음의 충동, 환경 변화에는 어떻게 대처하면 좋을까?'
'노력이 빛을 보지 못하는 시기가 있다면 어떻게 이겨 내야 할까?'

5장을 읽으면 시간을 내 편으로 만들고 눈부시게 반짝이는 인생을 살 수 있습니다.

이 책은 남녀노소를 불문하고 이렇게 생각하는 모든 사람에게 힘이 될 수 있을 것이라 확신합니다.

'더 이상 인생을 낭비하고 싶지 않다!'
'시간을 효과적으로 사용하고 싶다!'

'지금 처한 환경에서 벗어나고 싶다!'

'이대로 끝내고 싶지 않다!'

반드시 처음부터 읽지 않아도 괜찮습니다. 우선 목차를 간단히 훑어보세요. 전부 제가 인생을 바쳐 갈고닦아 온 말들입니다. 당신의 마음을 가장 먼저 울린 주제부터 읽어 보세요. 각 장의 마무리 부분에서는 장의 내용을 요약하며 대부분 사람이 오해하고 있는 시간 활용법에 'X', 이 책에서 제안하는 시간 활용법은 'O'로 표시했습니다. 'O와 X가 바뀐 것 같다'라는 생각이 드는 부분도 있을 것입니다. 그렇다면 그 부분을 다시 읽어 보세요. 이는 당신의 고정 관념이 강하게 작용하는 주제일 것입니다. 고정 관념이 무너지고 새로운 생각이 머리에 깃들면 한 단계 더 나아갈 수 있습니다.

이제 당신만의 시간 지도를 펼쳐 보세요. 정말 소중한 일을 선택하고, 지금 필요한 일에 집중하세요. 하루가 바뀌고 인생이 바뀌는 경험을 하게 될 것입니다.

인생의 소중한 시간을 낭비하고 싶지 않은 사람

꿈이나 목적이 아직 뚜렷하지 않은 사람

'해야 할 일'이 너무 많아서 '하고 싶은 일'을 놓치고 있는 사람

시작이 어려운 사람

스마트폰에 빠져 중요한 일에는 집중이 어려운 사람

지키고 싶은 소중한 존재가 있는 사람

나이가 들어도 나만의 꿈과 목표로 나아가고 싶은 사람

환갑이 지나서도 자신의 가능성을 추구하고 싶은 사람

행복과 성공을 모두 손에 넣고 싶은 사람

그런 당신을 위한 책입니다.

목차

1장 인생을 뒤집는 시간 관리의 원리

목표

2장 최적의 경로를 찾는 시간 설계

계획

5장 원하는 것이 이뤄지는 시간 축적

달성

인생을 뒤집는 시간 관리의 원리

목표

긴급성에 속아
중요성을
놓치지 마라

시간 활용은 잘하는 것이 당연히 좋습니다. 하지만 그에 앞서 '시간 관리법을 배우는 의미'에 대해 생각해 봅시다.

"반값 캠페인 종료까지 10분 남았습니다. 서둘러 주세요!"

온라인 쇼핑 사이트에 이런 배너가 뜨면 무심코 클릭할 때가 많습니다. 평소에는 전혀 관심이 없던 상품이었는데도 말이죠. 2018년 존스홉킨스대학교의 준교수 조마는 흥미로운 연구를 발표했습니다. 연구에 참여한 사람들은 상품 리뷰 5개를 작성 및 제출한 후 다음의 2가지 보상 중 하나를 택할 수 있었습니다.

A: 초콜릿 5개.
B: 초콜릿 3개.

이것 자체는 함정 문제가 아닙니다. 같은 일을 한다면 보상이 많은 쪽이 당연히 더 좋을 것입니다. 거의 모든 참가자는 예상대로 A를 선택했습니다.

연구팀은 조건을 조금 바꿔 다른 상황에서도 실험을 진행했습니다.

C: 리뷰를 24시간 이내에 제출하면 초콜릿 5개.
D: 리뷰를 10분 이내에 제출하면 초콜릿 3개.

여러분이라면 어느 쪽을 선택하시겠습니까? 아무리 생각해도 시간상으로 여유도 있고 보상의 양도 더 많은 C가 더 좋은 조건일 것입니다. 하지만 실제로는 참가자 중 30퍼센트가 D

를 선택했습니다. 말도 안 된다고 생각할 수도 있겠지만 사실입니다. 왜 이런 현상이 일어날까요? 바로 우리의 뇌가 '긴급성'과 '중요성'을 잘 구별하지 못하기 때문입니다.

손해를 보거나 불필요한 일인데도 누군가 "시간이 없습니다, 서두르세요!"라고 재촉하면 우리의 뇌는 무의식적으로 그쪽을 우선합니다. 이런 안타까운 습성을 '단순 긴급성 효과'라고 부릅니다. 그러나 아무리 짧은 시간에 효율적으로 일을 처리하더라도 후보 D를 고른다면 의미가 없겠죠.

하지만 이 실험에는 한 가지 희망이 있습니다. 연구팀은 D를 선택한 참가자들에게 이런 질문을 던졌습니다.

"마감 기한도 촉박하고 보상이 줄어드는데도 정말 그쪽을 선택하시겠습니까?"

그러자 선택을 재검토하는 참가자들이 속출했습니다. 저는 이것이 시간 관리 기술의 진정한 의미라고 생각합니다.

'기한이 촉박해 보이는데 정말 그걸 할 필요가 있는 걸까?'
'그 일을 하는 것이 내 인생의 목표와 어떻게 연결될까?'

진정한 시간 관리는 자신의 인생 목표를 확실하게 하고, 이를 이루기 위해 어떻게 행동할지 스스로에게 묻는 것입니다.

철강왕을 만든
6개의 리스트

하루에 단 10분으로 많은 사람의 삶을 풍요롭게 만들 수 있는 획기적인 방법이 있다면 믿으시겠습니까? 이 방법은 그날 해야 할 일을 명확히 하고 업무에 쫓기는 압박감에서도 벗어나게 해 줄 것입니다.

1918년 당시 미국의 철강왕이었던 찰스 R. 슈왑은 생산성 컨설턴트 아이비 리에게 다음과 같은 조언을 받았습니다.

1. 하루를 마무리할 때 내일 해야 할 가장 중요한 일 6가지를 적는다.
2. 6개의 과제에 우선순위를 매긴다.
3. 다음 날 출근 후 1순위 과제에 집중한다. 그것이 끝날 때까지 다른 과제에는 절대 손을 대지 않는다.

4. 순위에 따라 과제를 처리하고 끝나지 않은 일은 내일 해
   야 할 일 목록에 이월한다.

생각보다 훨씬 간단합니다. 슈왑은 이를 충실하게 실행
했고 회사는 급성장했습니다. 세 달 후 슈왑은 리에게 2만
5,000달러(2025년 가치로 약 6억 원)를 지불했습니다.

자신의 목적에 우선하는 것에 집중하는 것은 이 정도의 가
치를 지닙니다. 그리고 이 원칙은 100년이 넘는 세월 동안 시
간 관리의 왕도로 여겨지며 계속해서 전해지고 있습니다.

최고의 요리만 제공한다는 철학이
최고의 식당을 만들었다

자신이 소중히 여기는 것을 최우선으로 하는 삶에는 일관
성이 있습니다. 그리고 인간은 일관성이 있는 존재에게 존경
과 찬사를 아끼지 않습니다.

한때 스페인에는 '엘 불리'라는 대단히 인기 있는 레스토랑
이 있었습니다. 2014년경 요리 연구소로 재탄생한 이곳은 음

식의 질감과 조직, 요리 과정을 과학적으로 분석해 새로운 맛을 개발하는 '분자 요리'로 창의적인 미각의 혁명을 주도하며 스페인을 미식의 천국으로 부상시켰습니다. 하지만 레스토랑의 좌석은 단 50석에 불과했습니다.

보통 장사가 잘되면 체인점을 열거나 건물을 확장할 법도 하지만, 수석 셰프 페란 아드리아는 그러지 않았습니다. 게다가 매년 4월에서 10월까지만 문을 열고 나머지 기간은 모두 요리 연구와 개발에만 투자했습니다. 그는 '최고의 요리를 제공한다'는 목적을 최우선으로 두고, 이에 걸맞은 행동만을 선택한 것입니다.

결과적으로 엘 불리는 매년 전 세계에서 200만 건의 예약 요청이 쇄도하는 인기 레스토랑이 됐습니다. 취재를 위해 자리를 확보해 달라는 〈뉴욕타임스〉의 요청에 "뉴욕타임스니까 특별히 2년만 기다리게 해 주겠다"라고 답한 일화도 유명합니다. 그렇게 엘 불리는 '세계에서 가장 예약하기 어려운 레스토랑'이라는 별명까지 얻었습니다.

우리는 끊임없이 울리는 스마트폰 알림과 주변 사람들의 기대에 반응하며 살아갑니다. 다시 말해 인생 대부분의 시간을 '나에게 그다지 중요하지 않은 일'에 허비하고 있는 셈입니다. 이렇게 듣고 보니 그 시간들이 너무 아깝지 않나요? 내가 소중하게 여기는 것을 소중히 여기는 것. 이 책은 그런 삶으로 여러분을 안내합니다.

성공한 사람들의
시간 관리법을
내 것으로 만들어라

이 책은 시간 관리 기술을 통해 나다운 삶을 실현하도록 돕는 것을 목표로 합니다. 하지만 이렇게 생각하는 분도 있을 것입니다.

"사람마다 각자 알맞은 시간 관리법이 있을 텐데, 다른 사람이 시간을 어떻게 사용하는지 배우는 의미가 있을까?"

그러나 사실 다른 사람의 시간 관리 기술을 철저히 배우는 것이야말로 나다운 삶을 실현하는 가장 빠른 길입니다.

번뜩이는 창의성은
모방에서 시작한다

2017년 도쿄대학교는 창의성에 관한 획기적인 연구를 발표했습니다. 연구는 30명의 학생을 세 그룹으로 나눠 실험을 진행했습니다.

A: 다른 화가의 추상화를 모사한 후 자신만의 독창적인 작품을 제작.

B: 다른 화가의 작품을 전혀 보지 않고 모든 시간을 독창적인 작품 제작에만 사용.

C: 다른 화가의 추상화를 모사한 후 그 화가의 화풍을 재현하는 작품을 제작.

완성된 작품은 미술 전문가들에 의해 엄밀하게 평가됐습니다. 그 결과 창의성과 기교 면에서 가장 뛰어난 성적을 거둔 그룹은 추상화를 모사한 후 독창적인 작품을 제작한 A 그룹이었습니다. 얼핏 생각하면 다른 화가의 화풍에 전혀 영향을 받지 않은 B 그룹이 더 창의력을 발휘했을 것도 같지만 결과는 달랐습니다. 어째서 이런 현상이 일어난 걸까요?

사람은 다른 사람의 작품을 모사할 때 자연스럽게 작가의 의도를 추측하려고 합니다. 그리고 이를 통해 자신 안에 고정된 사고 패턴을 돌아보게 됩니다. 즉 모방은 스스로는 도달하기 어려운 지식과 통찰을 얻을 수 있는 학습의 왕도인 셈입니다.

실제로 예술가들은 모사를 중요하게 생각해 왔습니다. 독창성의 대명사로 여겨지는 파블로 피카소조차도 프랑스 화가 외젠 들라크루아의 작품을 철저히 모사했던 것으로 알려져 있습니다.

순수 운동 시간을 늘리는 가장 효과적인 방법

2020년 펜실베이니아대학교 와튼 스쿨 연구팀은 흥미로운 연구를 발표했습니다. 그들은 운동 시간을 늘리고 싶어 하는

1,028명의 참가자를 세 그룹으로 나눴습니다.

A: 운동이 습관화된 지인의 시간 활용법을 이틀간 관찰하
   거나 직접 요령을 묻는다.
B: 운동 동기를 높이는 전략을 이틀간 학습하고 시행한다.
C: 특별한 지시 없이 자유롭게 행동한다.

일주일 후 참가자들의 운동 시간을 조사한 결과 다른 사람
의 시간 활용법을 따라 하려 노력한 A 그룹은 방법론을 학습
한 B 그룹보다 32분, 아무것도 하지 않은 C 그룹보다 55분이
나 많이 운동 시간을 늘렸습니다.

언뜻 보면 스스로 주변 사람을 관찰하는 A 그룹보다 체계
적인 지식을 학습한 B 그룹이 더 큰 효과를 봤을 것도 같지
만, 스스로 관찰 대상을 고르고 적극적으로 학습하는 것이 자
신의 과제에 적합한 정답을 찾기 더 쉽다는 것을 알 수 있습
니다. 또한 실제로 목표를 달성한 사람들에게 긍정적인 영향
을 받을 수도 있기 때문에 '열심히 해야지!' 하는 의지 또한 강
해집니다.

저 역시 30년이 넘는 시간 동안 성공한 사람들의 시간 활용법을 관찰하고 배웠습니다. 한번은 일본의 대표적인 경영 컨설턴트의 스케줄을 보고 큰 깨달음을 얻은 적이 있습니다. 그분의 스케줄에는 늘 '집필' 시간이 포함돼 있었습니다.

세미나와 컨설팅을 소화하며 바쁜 와중에도 그가 꾸준히 책을 출판할 수 있는 비결은 바로 여기에 있었습니다. '시간이 나면 책을 써야지' 하고 생각했던 과거를 되돌아본 순간이었습니다. 이후 저는 미리 집필 시간을 확보해 꾸준히 책을 쓸 수 있었고, 누적 판매량 100만 부 이상을 달성한 작가가 될 수 있었습니다.

또한 저는 지난 30년 동안 수많은 성공한 사람을 만나 인터뷰를 해 왔습니다. 그 과정에서 알게 된 점은 성공한 사람들은 시간을 가능한 한 '꽉 채운다'는 점이었습니다. '성공하려면 일에 중독돼야 한다'는 의미가 아닙니다. 오히려 해야 할 일을 특정한 날이나 기간에 집중적으로 배치함으로써 그 외 시간에는 아예 방해받지 않는 여유 시간을 많이 확보한다는 것입니다.

저도 해야 할 일이나 약속을 가능한 한 하루에 몰아서 처리하려고 합니다. 때로는 강의 사이 짧은 휴식 시간에도 미팅이나 교재 녹화를 진행하기도 합니다. 정신없고 바빠 보일 수 있지만 시간 제한이 있는 덕분에 평소보다 더 높은 집중력을 발휘할 수 있습니다. 그리고 약속이 없는 날은 제가 진심으로 하고 싶은 일에 시간을 사용합니다.

'이 방법 괜찮은 것 같은데?' 하고 생각되는 것이 있다면 주저하지 말고 일상에 적용해 보세요. 그 과정에서 당신만의 고유한 시간 활용법을 반드시 발견할 수 있을 것입니다. 타인의 좋은 방법을 내 것으로 만드는 길이야말로 소중한 일과 필요한 일에만 집중하는 지름길입니다.

진정으로 원하지 않는다면
오히려
독이 된다

무언가에 몰입(flow)해 본 경험이 있으신가요? 몰입은 모든 마음의 에너지를 지금 이 순간에 쏟아부어 놀라운 퍼포먼스를 발휘하는 것을 말합니다. 심리학자 미하이 칙센트미하이는 이 개념을 처음으로 고안했고, 일상생활 심리학에서 20세기 최고의 심리학자로 불렸습니다. 그런데 칙센트미하이 박사가 직접 요청한 인터뷰를 단호하게 거절한 인물이 있었습니다.

그는 바로 마케팅의 개념을 창시한 '경영학의 신' 피터 드러

커였습니다. 칙센트미하이 박사는 드러커에게 창의성에 관한 인터뷰를 요청했는데, 드러커가 보낸 거절 편지는 그 훌륭한 내용 때문에 전설로 남았습니다.

불필요한 목표는
오히려 방해가 되기도 한다

그가 단순히 인터뷰를 거절한 것은 아닙니다. 그는 사실 칙센트미하이의 요청에 성실히 답했습니다. 다만 정중하게 거절의 뜻을 전달한 다음 이렇게 적었습니다.

"제게 생산성의 비결이란(창의성은 잘 모르겠지만, 생산성은 믿습니다), 거대한 휴지통을 준비해 이런 요청을 모두 그 안에 던져 넣는 것입니다. 지금까지의 경험에 비춰 볼 때 생산성이란 다른 사람의 일을 돕는 것이 아닙니다. 하늘이 내려 준 재능을 최대한 발휘하기 위해 내가 가진 시간을 모두 각자의 역량에 맞는 일을 하는 데 할애하는 것입니다."

재능은 철저한 집중에서 태어납니다. 하지만 우리 눈앞에는 해야 할 일이 너무 많습니다. 그리고 수많은 요청과 유혹이 끊임없이 우리 앞에 날아들어 옵니다. 이때 이를 얼마나 잘 끊어 내느냐가 관건입니다.

'아니오'라고 말할 용기가
시간 관리에 박차를 가한다

어떤 제안이 별로 이득이 되지 않아 보인다면 거절도 쉽습니다. 하지만 '이게 기회가 될지도 몰라', '좋은 인연이 생기면 좋겠다' 하는 기대감에 잘못 휩쓸리다 보면 어느새 너무 많은 일을 떠맡은 나를 발견할 것입니다.

그다지 깊은 관계도 아니고, 가슴 설레는 일도 아니며, 사실은 그렇게 시간이 여유롭지도 않고, 다른 해야 할 일이 많은데도 '아니'라고 말하지 못한 경험이 생각보다 많지 않나요? 만약 그게 친구나 가족이 아니라 상사의 부탁이라면? 혹은 사장이나 CEO의 부탁이었다면 어땠을까요? 단호히 끊어 내는 것은 더욱 어려울 따름입니다.

이때 망설임을 끊어 내는 건 '내가 진정으로 원하는 것이 무엇인지 명확히 알고 있는가'에 달려 있습니다. 내가 진정으로 원하는 것, 정말 좋아하는 것을 찾아 보세요. 이것이 당신에게 '아니'라고 말할 수 있는 용기, 필요 없는 것을 과감히 버릴 수 있는 용기를 줄 것입니다.

시간 낭비의 원인은
대부분
자신에게 있다

'시간이 없다.'

학교에 다니고 직장을 다니고 사람을 만나면서 누구나 한 번쯤은 떠올리고 또 직접 입으로도 뱉어 본 문장일 것입니다. 그런데 우리는 많은 경우 바쁨의 원인을 외부에서 찾곤 합니다. 갑자기 문제를 들고 오는 직장 동료, 급하게 약속을 잡는 친구, 혹은 평생 봐도 다 못 볼 정도로 쏟아지는 다양한 콘텐츠까지요. 하지만 진짜 원인은 사실 우리 내면에 있습니다.

불안은 시간을
야금야금 갉아먹는다

시간 관리를 방해하는 최대의 적은 우리 안에 숨어 있는 불안입니다. 불안은 미래의 실패나 부정적인 평가에 대한 걱정을 뜻합니다. 이는 모두가 경험하는 감정이면서 우리가 상상하는 것 이상으로 우리에게 부정적인 영향을 미칩니다. 뇌는 불안을 느끼면 다음과 같은 반응을 보입니다.

첫째, 주의가 산만해져 한 목표에 집중하기 어렵습니다.
업무나 공부에 대해 불안을 느낄 때는 좋아하는 만화나 영상을 봐도 내용이 머리에 들어오지 않을 때가 많습니다.

둘째, 인지 능력이 저하돼 논리적인 사고가 힘듭니다.
에모리대학교의 팀 모란은 사람은 불안감이 가득할 때 과제를 잘 수행하기 위한 뇌의 '작업 기억'이 약 16.5퍼센트 감소한다는 사실을 발견했습니다.

셋째, 본래 해야 할 과제에 집중하지 못하고 위협을 조장하는 뉴스나 파괴적인 생각에 이끌립니다.

불안해서 뇌가 혼란스러워지면 어떤 일도 손을 대기 쉽지 않습니다.

'지금 이걸 하는 게 정말 의미가 있을까?'
'지금 이런 걸 하고 있어도 되는 걸까?'

이런 생각들에 마음이 흔들리고 결국 시간만 허비하게 됩니다. 그러다 보면 아무 성과도 내지 못한 채 깊은 자기 혐오만 남게 되죠. 우리 안에 불안이 있는 한 어떤 시간 관리 방법도 금세 의미를 잃을 수밖에 없습니다. 다시 말해 진정한 시간 관리의 첫걸음은 현재 갖고 있는 불안을 떨쳐내는 것에서 시작합니다.

불안 10가지 중 9가지는
현실이 되지 않는다

그런데 우리가 불안하게 여기는 일들은 과연 현실에서 실제로 얼마나 일어날까요? 2020년 펜실베이니아대학교의 루카스 S. 라프레니에르와 연구자들은 '전반성 불안 장애'를 앓고 있는 학생 29명을 대상으로 실험을 진행했습니다. 전반성 불안 장애는 특별히 걱정할 이유가 없는데도 직장, 재정, 가족, 건강 및 일상 활동 등 일상적인 문제에 만성적으로 과도하게 걱정하는 증세를 말합니다.

참가자들은 10일 동안 일정한 신호에 따라 그 당시의 걱정거리를 작성했습니다. 10일 동안 모인 걱정거리는 한 사람당 평균 34.3개였고, 100개를 넘게 기록한 사람도 있었습니다. 그들은 최소 하루에 세 번 정도는 걱정스러운 마음에 시달렸던 것입니다. 그 후 연구진은 그들에게 한 달간 '종이에 적었던 걱정거리들이 실제로 일어났는지'를 매일 밤 기록하도록 했습니다. 그러자 놀라운 결과가 나왔습니다.

1. 걱정거리의 91.4퍼센트는 실제로 일어나지 않았다.
2. 실제로 일어난 걱정거리 중 30.1퍼센트는 생각보다 심각하지 않았다.

심지어 매일 밤 불안을 검증한 참여자 중 학생들은 그 기간에 치른 시험에서 평소보다 불안이 감소하는 경향을 보였습니다. 어쩌다 불안이 줄어들었을까요? 그 이유는 불안과 마주함으로써 이를 줄이기 위한 노력(시험 공부)에 몰두할 수 있었기 때문입니다.

저 역시 인생에서 수없이 불안과 마주했습니다. 그중 특히 잊히지 않는 장면이 있습니다. 5,000만 엔의 빚을 짊어진 상태에서 심리 상담사 자격을 얻기 위해 하와이 유학을 결심했을 때입니다. 이 결정은 1,000만 엔의 빚을 더 져야 함을 의미했습니다. 아내에게 이 계획을 털어놓을 때의 불안감은 이루 말할 수 없었습니다. 심지어 이 일로 이혼을 당하더라도 어쩔 수 없다고 생각할 정도였습니다.

하지만 아내는 제 열정을 잘 이해했습니다. 그뿐만 아니라 아내는 "나도 같이 유학 가고 싶어!"라고까지 말했습니다. 그야말로 천군만마를 얻은 기분이었습니다. 큰 불안을 극복한 저는 자신감을 바탕으로 필사적인 상환 계획을 세웠습니다. 장인어른의 지원과 이전에 근무했던 회사와의 인연 덕분에 머지않아 상환의 길이 보였고, 저는 자신감을 갖고 하와이로 떠날 수 있었습니다.

불안할수록 한 발 내디뎌 보세요. '어떡하지…' 하는 망설임이 '이렇게 하자!'는 희망으로 바뀌는 경험은 그 무엇과도 바꿀 수 없는 당신 인생의 소중한 자산이 될 것입니다.

계획 없는 하루는
변명으로
가득 차게 된다

"꿈은 도망가지 않는다. 도망치는 것은 언제나 자신이다."

제가 존경하는 기업가 곤도 타카미의 명언입니다. 사람은 보잘것없는 자존심을 지키기 위해 말도 안 되는 방식으로 시간을 사용할 때가 많습니다. 시간이 지나 곰곰이 생각해 보면 전혀 논리에 맞지 않는 행동이었음에도, 그 순간만큼은 상황을 객관적으로 보지 못할 때가 있죠. 만약 '절대 하지 말아야 할 시간 사용법'이 있다면 무엇일까요?

스스로 변명거리를 만드는 것은
아무 도움이 되지 않는다

"시험 전날 노는 바람에 진급에 실패했어."

"중요한 발표 전날 밤새 술을 마셔서 결과가 처참했어."

누구나 한번쯤 들어 봤을 이런 변명들. 듣다 보면 "중요한 순간에 도대체 왜 그랬어?"라고 묻고 싶어집니다. 하지만 당사자들은 "어쩔 수 없었던 상황이라 제대로 실력 발휘를 못한 거야. 원래는 이것보다 훨씬 잘할 수 있다고!"라며 자존심을 지키려 듭니다.

이처럼 중요한 도전을 앞두고 스스로 장애물을 만들어 언제나 변명할 구실을 준비하는 행동을 '셀프 핸디캐핑(self handicapping)'이라고 합니다. 이는 1990년 심리학자 스티븐 버그라스와 에드워드 존스가 발표해 전 세계적으로 주목받은 개념입니다.

셀프 핸디캐핑은 실제로 매우 교묘하게 이뤄집니다. 예를 들어 하나의 중요한 일을 회피할 때는 일부러 대량의 자잘한 일을 맡거나 갑자기 다른 사람을 도와주기 시작합니다. '직전에 대량의 일이 쏟아져 차마 할 수 없었다'는 명분이 생기기 때문입니다. 또한 주변 사람들도 '열심히 일하는 것 같은 사람'을 그렇게까지 비난할 수는 없을 것입니다. 하지만 본래 해야 할 일을 하지 않았다는 사실은 변함이 없습니다.

약점과 불안을 인정하는 순간
앞으로 나아갈 수 있다

저는 시간을 쓰는 데 옳고 그름은 없다고 생각합니다. 진심으로 원하는 것이라면 평생을 유흥, 연애, 방랑에 쓰는 것도 나름의 의미가 있다고 생각합니다. 하지만 셀프 핸디캐핑에 소비하는 시간만큼은 가능하면 줄이기를 권장합니다. 셀프 핸디캐핑은 일이 진척되지 않는 것 외에도 심각한 단점이 있습니다.

2013년 도호쿠대학교 다케우치 히카루의 연구에 따르면 셀프 핸디캐핑을 자주 하는 사람들은 뇌의 '대상회'라는 부위에서 국소 회백질의 체적이 증가해 있었습니다. 감정 반응을 조절하는 대상회가 커진다는 것은 감정을 느끼기 어려워진다는 것을 의미합니다. 자존심을 지키기 위해 변명을 반복하다 보면 인간으로서의 '느끼는 힘'이 서서히 억제되는 것입니다.

반대로 말하면 모든 변명을 이겨 내고 해야 할 일을 정해진 기한 내에 묵묵히 해내는 사람은 정말 대단한 것입니다. 아마 그는 원하는 성과를 얻지는 못하더라도 다음으로 이어지는 배움을 반드시 얻을 것입니다. 그리고 기쁨과 억울함 같은 인간다운 감정 역시 충분히 맛볼 수 있을 것입니다.

승자보다 용자가 되는 것을 목표로 삼아 보면 어떨까요? 이는 결과적으로 당신을 승자로 이끌 것입니다. 그 첫걸음은 자신의 약점과 불안을 인정하는 것입니다. 그러려면 접근 방식부터 바꿔야 합니다. 실패했을 때의 변명을 필사적으로 고민하는 대신 그 에너지를 모두 성과를 내는 데 쏟는 것입니다.

좌절할 것 같을 때는 망설이지 말고 누군가에게 상담하세요. 당신이 앞으로 모든 시간을 '정말로 해야 할 일'에 집중하겠다고 선언하면 많은 사람이 기꺼이 힘을 보태 줄 것입니다. 결과가 어떻든 지금까지 쓸데없이 지켰던 보잘것없는 자존심을 넘어선 진정한 자부심을 느낄 수 있을 것입니다.

때로는 포기하는 것이
시간을
아끼는 길이다

"끝까지 포기하지 않는 사람이 성공한다."

'포기하지 않는다'를 주제로 하는 드라마는 많은 사람의 마음을 울립니다. 하지만 현실에서는 단순히 처음 시작했던 방식에 집착한 나머지 수렁에 빠지는 사람도 많습니다. 물러서야 할 때 물러서지 못하는 것입니다. 스스로 자신의 꿈을 믿는 것은 물론 중요합니다. 다만 그 꿈을 실현하기 위해서는 '해야 할 일'보다 '그만둬야 할 일'이 무엇인지 알아야 할 필요가 있습니다.

매몰 비용에 속아
시간을 낭비하지 말자

한 투자자는 주식과 부동산에 1,000만 원을 투자했지만 자산 가치가 지속적으로 하락했습니다. '곧 반등할 거야' 하며 희망으로 버텨 봤지만 상황은 나아지지 않았습니다. 그는 오히려 이미 투자한 돈이 아깝다는 생각에 추가 자금을 투입하며 손실을 만회하려 했습니다.

이는 감정적 판단일 뿐 결과적으로 손실 규모만 더욱 커질 가능성이 높습니다. 손실 회복에 대한 집착은 판단력을 흐리게 만들어 더 큰 재정적 피해를 초래하기 때문입니다.

직장 생활도 비슷합니다. 매일 과도한 스트레스에 시달리고 더 이상의 성장 가능성이 없다는 것을 뼈저리게 느끼는데도 '지금까지 쌓아 온 경력과 인맥을 포기하기 아깝다'는 생각에 퇴사를 망설일 때가 있습니다. 그러다 보면 결국 불만족스러운 환경에 안주하며 소중한 시간을 허비하게 됩니다. 시간이 갈수록 스트레스와 불만은 눈덩이처럼 불어나고, 결단의 시기는 계속해서 미뤄지는 것이죠.

이처럼 돈이나 시간 등 이미 투자한 자원을 낭비하고 싶지 않은 심리 때문에 계속 비합리적인 결정을 내리는 현상을 '매몰 비용의 오류'라고 합니다.

2018년 카네기멜론대학교의 크리스토퍼 올리보라는 이런 실험을 했습니다. 1,230명의 참가자에게 파티에서 두 종류의 케이크를 제공받는 상황을 설정하고 이미 배가 부른 상태에서 어느 쪽의 케이크를 더 먹을 것인지 물었습니다.

A: 55분이 걸리는 먼 가게의 75달러짜리 비싼 케이크.
B: 5분 거리 이웃 가게의 15달러짜리 저렴한 케이크.

많은 참가자는 A를 선택했습니다. 심지어 본인이 아닌 모르는 타인이나 동료가 수고스럽게 케이크를 구매했다는 설정을 추가해도 결과는 비슷했습니다. 이미 배가 부른 상태라면 더 이상 먹지 않는 것이 당연합니다. 그럼에도 '구매하느라 고생했다'는 이유만으로 현명하지 않은 선택을 하는 것입니다.

매몰 비용의 오류는 개인뿐 아니라 조직에도 장기적으로 큰 손실을 초래합니다. 유명한 사례로는 초음속 여객기 '콩코드'를 들 수 있습니다.

1960년대부터 영국과 프랑스는 공동으로 초음속 여객기 콩코드를 개발했습니다. 개발에는 천문학적인 비용이 들어갔습니다. 그래서 설령 운항이 실현되더라도 연비를 따졌을 때 사업성이 매우 떨어졌습니다. 게다가 경량화 과정에서 설계 결함 문제까지 생겼습니다.

이는 모두 작업 초기에 밝혀진 사실이었습니다. 그러나 두 나라는 이미 막대한 자금을 투자했기 때문에 쉽게 물러설 수 없었습니다. 결국 어떻게든 2003년까지 운항이 이어졌고 개발 회사는 막대한 손해를 입고 파산하고 말았습니다. 그래서 매몰 비용의 오류는 '콩코드 효과'라고 불리기도 합니다.

**포기한다고
실패하는 것은 아니다**

일을 지속함으로써 배우는 점도 분명 있습니다. 하지만 '이제 와서 그만둘 수 없다'는 소극적인 이유로만 버티고 있다면 지금이야말로 냉정한 판단이 필요한 때입니다. 등산 중에 잘못된 길을 고집하다가는 조난당할 수 있고, 마라톤에서 체력의 한계를 느낄 때는 중도 포기가 오히려 현명한 선택일 수 있습니다. 때로는 현재의 길을 내려놓아야 자신을 위한 진정한 길이 보이는 법입니다. 프로 도박사이자 인지 과학자인 애니 듀크는 이렇게 말합니다.

"포기는 당신의 에너지와 자원을 해방시켜 진정으로 가치 있는 목표에 집중할 기회를 제공합니다. 때로는 포기함으로써 오히려 원래 목표에 더 빠르게 도달할 수 있습니다."

그리고 현명한 포기를 위한 두 가지 전략을 제안합니다.

첫째, 사전에 포기의 기준을 정해 둡니다.
일단 시작하고 나면 우리는 이미 투자한 시간과 노력을 정당화하려는 경향이 있어 포기가 어려워지기 때문입니다.

둘째, 객관적인 시각을 제공할 조언자를 둡니다.
인지 편향의 힘에 사로잡혀 있을 때, 밖에서 상황을 객관적으로 봐 줄 수 있는 사람이 필요합니다. 그들이 '이제 멈추는 것이 좋겠다'고 말한다면, 냉철하게 상황을 다시 검토할 필요가 있습니다.

'포기하는 사람은 실패자다'라는 걱정은 하지 마세요. 모든 시도를 하나의 테스트로 본다면 새로운 도전 앞에서도 두려워할 필요가 없습니다. 포기는 패배가 아닌 현명한 전략이 될 수 있습니다. 자, 당신은 무엇을 포기하시겠습니까?

시간 관리의 완성은
책임감 있는
실천이다

"자유에는 책임이 따른다."

아마 거의 모든 사람은 어딘가에 속박되기보다 자유를 추구할 것입니다. 그러나 자유를 갈구하는 사람들은 자유에 수반되는 책임 때문에 부담을 느끼거나 망설이곤 합니다. 하지만 저는 책임을 스스로 떠안는 사람이야말로 자유로운 삶을 즐길 수 있다고 생각합니다.

자유 시간이 높다고
만족도가 높아지는 것은 아니다

사람들은 자유를 원하지만 막상 '아무것도 하지 않아도 된다'는 말을 들으면 당황한다고 합니다. 2021년 와튼 스쿨의 마리사 A. 샤리프는 2만 명을 대상으로 의식 조사를 했습니다. 그 결과, 자유 시간을 즐길 수 있는 최적의 시간은 '2시간'이며 그 이상이 되면 행복감은 서서히 감소했습니다. 다만 생산적인 활동을 한 경우에는 행복감이 저하되지 않았습니다. 생산적인 활동이란 다음 세 가지 요소를 포함하는 활동을 말합니다.

첫째, 스스로 행동을 자유롭게 결정할 수 있는 것.
둘째, 사회적 활동과 연결되는 것.
셋째, 자신만의 강점을 발휘할 수 있는 것.

이로부터 다음의 두 가지를 알 수 있습니다.

첫째, 단순히 일이나 학업을 그만두고 자유 시간을 얻는 것만으로는 서서히 행복을 느끼기 어려워질 수 있습니다. 자유가 점점 무거운 짐처럼 느껴질 수 있기 때문입니다.

둘째, 장기간의 자유 시간을 보내려면 책임이 수반되는 역할을 갖는 편이 좋습니다.

일을 해내고 있다는 책임감이
스트레스를 낮추고 활력을 높인다

물론 책임을 지는 것이 늘 편하게 느껴지는 것은 아닙니다. 하지만 걱정하지 마세요. 책임을 지는 순간 당신의 내면에서 맡은 바에 충실하려는 강한 에너지가 솟아오를 것입니다. 여기서 아주 훌륭한 실험을 하나 소개하겠습니다.

하버드대학교의 엘렌 랭거는 요양원 입소자 52명을 두 그룹으로 나눠 실험을 진행했습니다.

A: 앞으로 자신의 존재 방식과 일상적인 선택에 대해 책임을 느껴 달라고 말한다. 그리고 요양원 내에 있는 식물에게 물을 주는 활동을 맡긴다.

B: 요양원 직원이 가져야 할 헌신적인 태도에 대해 설명하며 그 일환으로 직원들이 식물 관리를 열심히 할 것이

라고 알린다.

18개월 후 입소자들은 분명한 변화를 보였습니다. 책임이 생기고 역할을 부여받은 A 그룹은 책임을 면제받은 B 그룹보다 마음의 건강 지수가 약 33퍼센트, 요양원에 대한 신뢰도도 약 26퍼센트 더 높았습니다. 게다가 18개월이 지난 시점에서 죽지 않고 생존해 있던 입소자의 수 역시 A 그룹이 B 그룹보다 두 배 많았습니다. 맡아야 할 책임의 존재가 면역력 같은 활력을 두 배로 높인 것입니다.

또한 2012년 스탠퍼드대학교와 하버드대학교의 공동 연구에 따르면 정부 고위직이나 군 사령부 장교처럼 사회적 책임이 무거운 사람일수록 일반인보다 스트레스를 덜 느낀다고 합니다. 이는 '큰일을 해내고 있다'는 충족감이 사회적 책임을 떠안는 스트레스를 능가하기 때문입니다. 책임을 짊어지면 몸과 마음은 이전보다 훨씬 더 편안해지는 것입니다. 애써 책임을 회피하고만 있었다면 이제 오히려 더 적극적으로 책임이 수반되는 일에 시간을 쓰는 것은 어떨까요?

시간 지도의 이정표 1

시간 관리법을 배우는 진정한 목적은 무엇일까?

✕ 짧은 시간에 더 많은 일을 효율적으로 하기 위해서다.

○ 나에게 정말 중요한 일을 효과적으로 하기 위해서다.

나다운 시간 관리법을 찾으려면 어떻게 해야 할까?

✕ 다른 사람의 방법에는 아예 관심을 두지 않는다.

○ 다른 사람의 시간 관리법을 철저히 관찰하며 나에게 맞는 지점을
   찾는다.

최고 권위자로부터 업무 의뢰를 받았을 때는?

✕ 기회를 넓히기 위해 무조건 수락한다.

○ 제대로 재능을 발휘할 수 없다면 과감히 거절한다.

나의 시간은 무엇 때문에 부족한 것일까?

✕ 갑작스러운 식사 초대 같은 외부 요인 때문이다.

○ 마음속 불안감 같은 내부 요인 때문이다.

가장 피해야 할 시간 사용법은 무엇일까?

✕ 자신 없는 도전에 앞서 다른 사람에게 의지한다.

○ 실패했을 때의 변명을 미리 찾으려 한다.

어떤 일을 중간에 그만둬도 괜찮을까?

✗ 포기는 가장 최후에 선택해야할 불가피한 수단이어야 한다.

○ 포기는 더 나은 전략을 찾는 과정일 수 있다.

지금보다 자유로운 인생을 보내려면 무엇을 해야 할까?

✗ 책임과 역할을 최대한 회피한다.

○ 책임과 역할을 스스로 짊어지고 주도적으로 해결한다.

2장

최적의 경로를 찾는 시간 설계

계획

목표를 세우면
방향이
보이기 시작한다

"계획 세우기는 좋아하지만 계획을 세우는 데 만족하고 실행에 옮기지 않을 때가 많아."

"왠지 얽매일 것 같아서 계획을 안 세울 때가 많아."

시간 관리에서 빼놓을 수 없는 주제가 바로 계획입니다. 그러나 계획에 대한 생각은 사람마다 제각각입니다. 과연 계획은 세우는 편이 무조건 좋은 걸까요? 휴일인데도 계속 일 생각만 하거나 반대로 일하는 도중에 개인적인 일들이 자꾸 떠올라 일이 손에 잡히지 않을 때가 있습니다. 이처럼 진행 중인 일이 머릿속에 끝없이 떠오르는 현상을 '자이가르닉 효과'라고 부릅니다.

꽤 성가신 문제입니다. 일이든 놀이든 눈앞에 있는 것에 온전히 집중하지 않으면 성과를 올릴 수 없습니다. 마음껏 즐길 수도 없겠죠. 그래서 인간은 완성되지 않은 것을 머릿속에서라도 일단 완성하는 능력을 얻게 됐습니다. 그것이 바로 계획입니다.

준비된 사람이
기회를 잡는다

2011년 플로리다주립대학교의 로이 바우마이스터 연구팀이 진행한 실험은 계획을 세우는 것이 얼마나 중요한지를 잘 보여 줍니다. 참가자 97명은 다음과 같은 과제에 도전했습니다.

"5분 안에 바다 생물의 이름을 최대한 많이 말해 보세요."

연구팀은 참가자들에게 다음과 같은 힌트를 제공했습니다.

"A부터 Z까지 한 글자씩 맞추면 돼요."

한국어로 하자면, 가(고등어), 나(농어), 다(다랑어)와 같은 식입니다. 꽤 괜찮은 방법 같습니다. 이후 학생들은 지시에 따라 세 그룹으로 나뉘었습니다.

A: 과제의 목표를 명확히 함.
B: 목표를 명확히 하고, 힌트를 활용할 계획까지 세움.
C: 아무 준비도 하지 않음.

연구팀은 여기서 흥미로운 일을 하나 더 진행했습니다. 과제를 시작하기 전 모든 참가자에게 실험과 전혀 무관한 퍼즐을 풀게 한 것입니다. 연구팀의 진짜 목적은 바로 여기에 있었습니다. 어떤 목표를 향해 가던 중 전혀 다른 목표가 나났을 때 얼마나 잘 대응할 수 있을지를 관찰한 것입니다. 갑작스럽게 새로운 목표가 등장했을 때 우리는 어떻게 반응할까요?

응답 수와 정답 수가 가장 낮았던 그룹은 본래 과제의 목표를 명확히 한 A 그룹이었습니다. 그들은 아무 준비도 하지 않은 C 그룹보다도 낮은 성과를 보였습니다. 이것이 바로 자이가르닉 효과의 무서운 부분입니다. 퍼즐 이후에 기다리고 있는 기존의 과제를 잘 해내야 한다는 생각에 정신이 팔려 지나치게 몰두한 나머지, 갑자기 튀어나온 새로운 과제에는 전혀 집중하지 못한 것입니다. 실험이 아니라 현실 상황이었다면 어땠을까요? 갑자기 발생한 사고에 당황하거나 뜻밖에 찾아온 절호의 기회를 놓칠 수도 있습니다.

가장 높은 응답 수와 정답 수를 기록한 그룹은 계획을 확실하게 세운 B 그룹이었습니다. 계획을 세우면 뇌는 '이 과제는 일단 이 상태로 둬도 괜찮다'고 판단하고, 집중해야 할 대상을 다음 과제로 자연스럽게 전환하기 때문입니다. 로이 바우마이스터는 계획에 대해 다음과 같이 말했습니다.

"구체적인 계획은 사람들이 무심코 일을 완수할 수 있는 대본과도 같은 것이다."

이후 진행된 본래의 실험인 바다 생물 이름 나열하기에서도 계획을 세운 B 그룹은 단순히 목표만 명확히 한 A 그룹보다 처음에 주어진 힌트를 약 7배 더 효율적으로 활용했습니다. 즉 우리는 어떤 좋은 방법을 배웠을 때, 그 방법을 일상에서 어떻게 실행할 것인지까지 구체적으로 계획을 세울 필요가 있습니다.

상황과 지침이 자세하면 실행력이 높아진다

계획을 세우는 간단하면서도 효과적인 방법이 있습니다.

첫째, IF-THEN(만약-그다음에)의 형식으로 구체적으로 계획을 세웁니다.

앞선 연구에서 가장 큰 성과를 거둔 B 그룹이 세운 계획은 다음과 같았습니다.

'과제가 시작되면 먼저 알파벳 문자를 적고 이에 대응하는 해양 생물을 순서대로 작성한다.'

계획은 이처럼 'IF(만약 ○○한 타이밍이 오면)-THEN(그

다음에 즉시 △△을 한다)'의 형식으로 구체적인 방향으로 세우는 것이 좋습니다.

둘째, IF에 장소와 시간을 포함합니다.

2001년 배스대학교의 사라 밀른이 진행한 연구에 따르면 운동을 습관화하려는 참가자들이 운동을 언제, 어디서 할지 계획을 세운 경우 그중 91퍼센트가 다음 주에도 계획대로 운동을 실행했다고 합니다. 이는 단순히 운동의 효과에 대한 설명을 듣기만 한 참가자들에 비해 6.2배나 높은 실행률이었습니다.

특히 시간을 정할 때는 날짜뿐만 아니라 그날 '몇 시 몇 분에 할 것인지'까지 명확하게 하는 것이 더 효과적입니다. 예를 들어 '아침에 일어나면 운동한다'보다는 '아침 6시 30분에 일어나면 침대 위에서 곧바로 스트레칭을 한다'라는 계획이 더 높은 실행률을 달성할 수 있는 계획이 되는 것입니다.

계획을 세우는 것은 우리가 하고 싶은 모든 일을 효과적으로 해내기 위한 필수적인 스킬입니다. 어떤 목표든 구체적인 계획 없이 충동적으로 접근하면 실패할 확률이 높아지고 지속적인 동기 부여도 어렵습니다. 반면 계획을 세우고 체계적으로 접근하면 목표를 달성하는 과정에서 얻는 성취감도 더욱 커지고 더 많은 일을 해낼 수 있는 능력이 길러집니다.

따라서 계획은 세우는 행위 자체에 큰 의미가 있습니다. 또한 이를 습관화하는 것이 중요합니다. 지금부터라도 작은 계획들을 천천히 실천해 보세요.

마감은
최고의
동기 부여가 된다

　마감, 데드라인 같은 단어들은 아무래도 부담스럽습니다. 하지만 사람은 기한이 있기 때문에 비로소 능력을 발휘할 수 있습니다.

　어떤 일을 마무리하거나 결정을 내릴 때 실행 시간에 제한이 있으면 우선순위가 명확해집니다. 게다가 불필요한 낭비가 줄어들고, 집중력이 높아지며, 생산성과 창의성이 향상됩니다. 어떻게 이런 현상이 일어나는 걸까요?

기한이 생기면
집중력이 극대화된다

2020년 서던크로스대학교 크리스천 스완의 연구에 따르면 몰입의 영역에 들어가려면 기한을 설정하는 것이 좋다고 합니다. 앞서 언급했듯 몰입이란 감각이 깨어나고 눈앞의 활동에 몰입할 수 있는 특별한 의식 상태를 말합니다.

저는 탁구 소년이었던 중학생 시절 이 영역에 들어간 적이 있습니다. 시합 중에 상대방이 빠른 속도로 쳐 보낸 탁구공의 로고가 또렷하게 보여 회전의 강약을 단숨에 읽고 침착하게 되받아칠 수 있었습니다. 시력이 좋지 않았음에도 중요한 경기에서 재빨리 공을 쳐내야 한다는 상황이 저를 몰입의 영역으로 이끈 것입니다. 적절한 압박이 엄청난 집중력을 자아낸 것이죠.

러시아의 대문호 도스토옙스키가 빚에 쫓기며 방탕한 삶을 살던 때에도 《죄와 벌》을 집필할 수 있었던 건 '기한 내에 장편 소설 두 편을 완성하지 않으면 모든 작품의 저작권이 몰수된다'는 계약 덕분이었다고 합니다. 그런데 기한에는 긍정적인 측면만 있는 것은 아닙니다.

첫째, 사람은 자신이 정한 기한 직전까지 일을 미루기 쉽습니다.

여름방학이 끝날 때가 돼서야 방학 숙제를 시작하는 것이 바로 이런 이유 때문입니다. 이는 '데드라인 효과'라고도 불립니다.

둘째, 일의 양이 그것을 완수하기 위해 주어진 시간만큼 늘어날 수도 있습니다.

실제로는 30분이면 끝날 일이지만 "기한은 일주일 뒤까지만 하면 되는 일이야"라고 하면, 어느새 그 일이 '일주일이 걸리는 일'로 부푸는 것입니다. 이는 1955년 〈이코노미스트〉에 실린 시릴 노스코트 파킨슨의 에세이에서 유래해 '파킨슨의 법칙'으로도 불립니다.

기한은 단순히 일정의 마감일이 아니라 정해진 날짜를 넘기면 실격이 되는 최소한의 기준선입니다. 하지만 우리는 기한을 그렇게 엄격한 마감선으로 인식하기보다는 정해진 그날까지 주어진 시간을 최대한 활용해도 된다는 의미로 받아들이는 경우가 많습니다.

마치 마감일이 다가오기 전까지는 여유가 있는 것처럼 느껴지고, 마지막 순간까지 시간을 채워 써도 괜찮다고 생각하는 것입니다. 그러나 이런 사고방식은 오히려 중요한 일을 미루게 만드는 원인이 될 수도 있습니다.

과제의 완성도는
적절한 마감의 압박에서 온다

2002년 행동경제학자 댄 애리얼리는 매사추세츠공과대학교 학생 99명에게 학기 중 세 편의 보고서를 제출하라고 했습니다. 그리고 학생들을 세 그룹으로 나눠 제출 기한을 고지했습니다.

A: 제출 기한은 강의 마지막 날까지 스스로 정해도 좋지만 한 번 정한 기한은 변경할 수 없다.
B: 3편 모두 강의 마지막 날에 제출한다.
C: 4주마다 1편씩 제출 기한을 고정한다.

제출률과 완성도가 가장 높은 그룹은 C 그룹, 가장 낮은 그룹은 B 그룹이었습니다. 또한 제출 기한을 자유롭게 정한 A 그룹에서도 '강의 마지막 날에 다 제출하면 되겠지'라고 생각한 학생들의 과제 역시 제출률과 완성도 모두 낮았습니다. 기한까지 남은 시간이 길수록 과제에 충분한 시간을 들일 것 같지만 실제로는 기한이 짧을수록 그 과제에 많은 시간을 투자해 몰두하게 됩니다. 즉 스스로 기한을 설정하는 방법은 어떻게든 좋은 결과를 만드는 것입니다. 또한 기한을 효과적으로 활용하려면 중간 기한을 설정하고 한 후 그 과정을 다른 사람에게 확인받는 것도 좋습니다.

예를 들어 9월에 개학하는 학생이 방학 숙제를 해야 한다면, 단순히 개학 전날까지 끝내겠다고 계획하는 것은 비효율적입니다. 대신 8월 10일과 8월 20일을 중간 기한으로 정한다면 숙제의 진행도를 점검하며 남은 기간을 효율적으로 활용할 수 있습니다. 이때 부모가 숙제의 진행도를 확인하는 역할을 맡는다면 단순한 일정 관리가 아니라 실제 실행력을 높이는 효과를 얻을 것입니다.

업무에서도 같은 원리가 적용됩니다. 프로젝트를 진행할 때 상사가 부하 직원에게 '한 달 후까지 완성하세요'라고만 지시한다면 기한이 임박했을 때 문제가 발생할 가능성이 높습니다. 그러나 '1주일 뒤에 초안, 2주 후에 중간 점검, 마지막 주에 최종 보고'처럼 중간 기한을 설정한다면, 중간 지점에서 진행 상황을 확인받고 필요한 피드백을 받아 수정할 기회를 가질 수 있을 것입니다.

핵심은 단순히 일정을 앞당기는 것이 아니라 다른 사람에게 확인을 받는다는 점입니다. 이를 통해 혼자 진행할 때 놓칠 수 있는 부분을 보완하고, 일정 조정과 완성도를 동시에 관리할 수 있게 됩니다. 기한을 단순한 마감일이 아니라 실행력을 높이는 도구로 활용하는 것이 중요합니다.

계획을 세울 때는
시간 투자 가치를
먼저 따져라

"하고 싶은 일이 있지만 돈이 없어서 못 해."

"당신에게 없는 것이 정말 '돈'일까요?"

'첫발을 내딛는 용기를 얻는 과학적인 방법이 있다면 무엇일까요?

2008년 캘리포니아대학교의 웬디 류 연구팀은 매우 흥미로운 연구 결과를 발표했습니다. 그들은 193명의 참가자를 대상으로 자선 활동 참가와 기부를 요청했습니다. 연구팀은 다음의 두 가지 패턴으로 사람들에게 참여를 독려했습니다.

  A: 먼저 '자선 활동에 시간을 사용하는 것'에 대해 이야기하
     고 '기부 행위'에 얼마나 관심이 있는지 묻는다.
  B: 먼저 '기부 행위'에 대해 이야기하고 '자선 활동에 시간
     을 사용하는 것'에 얼마나 관심이 있는지 묻는다.

  시간에 대해 먼저 질문을 받은 A 그룹은 돈에 대해 먼저 질
문을 받은 B 그룹보다 두 배 더 많이 기부했고 실제로 자선
활동에 참여한 비율도 4.3배나 높았습니다. 즉 시간에 대해
생각하면 감정적 행복감이 기준이 되고, 돈에 대해 생각하면
가치의 극대화가 기준이 되는 것입니다.

  질문을 받은 순간 A 그룹은 무의식적으로 '휴일에 자선 활
동에 시간을 쓰는 나'를 상상했습니다. 그리고 '그런 내 모습
도 꽤 괜찮은데? 왠지 행복할 것 같아'라는 생각이 들자 자연
스럽게 직접 참여하고 싶어진 것입니다.

  한편 B 그룹은 무의식적으로 '기부 비용 대비 효과'를 계산
했습니다. '수지가 안 맞다' 하고 판단되면 자동으로 참여 의
지는 꺾입니다. 이는 우리가 인생을 살면서 중요한 결정을 내

릴 때 아주 큰 도움이 되는 정보입니다.

돈 때문에 도전을 멈추는 일은
결코 없어야 한다

'앞으로 이 일에 시간을 써야 할까?'

'만약 시간을 쓴다면 그 후의 나는 행복해질까?'

질문에 대한 답이 '그렇다'면 망설이지 말고 도전해도 좋습니다. 돈에 대해 생각하는 것은 그다음 문제입니다. 면밀히 따져 보면 처음 예상했던 금액보다 훨씬 적은 비용이 드는 경우도 많습니다. 만약 예산을 초과하더라도 그 차이를 보전할 방법을 찾아내면 됩니다. 18세기 독일의 대문호 괴테는 이렇게 말했습니다.

"재산을 잃으면 다시 일하면 되고, 명예를 잃으면 다른 방식으로 되찾으면 된다. 그러나 용기를 잃으면 모든 것을 잃는다."

만약 하고 싶은 일을 시작하지 못하는 이유가 그저 돈 때문이라면 망설이지 말고 도전하세요. 용기 내 발을 내디딘 순간 당신 곁에 무한히 펼쳐진 기회를 발견할 수 있을 것입니다.

최단 기간보다
최적 기간이
더 중요하다

'미래의 나에게 기대하지 않는다.'

꿈을 실현하는 방법을 제안하는 제게는 어울리지 않는 말일지도 모르지만, 저는 이 말을 항상 머리에 새기며 살고 있습니다. 비관적으로 생각하려는 것이 아니라, 당장 컨트롤할 수 있는 '지금의 나'에게 기대를 거는 것입니다. 하지만 밝은 미래를 상상하는 것은 분명 도움이 됩니다.

사람은 16분에 한 번
밝은 미래를 상상한다

2011년 스위스 제네바대학교의 마샬 반더 린든과 연구진은 사람의 사고 행동을 추적했습니다. 그들은 사람이 3일 동안 하루 평균 60번(깨어 있는 동안에는 16분에 한 번) 정도 미래를 떠올린다는 사실을 발견했습니다. 게다가 부정적인 미래보다 긍정적인 미래를 더 자주 시각적으로 이미지화한다는 점도 밝혔습니다. 우리는 '내일은 분명 더 좋아질 거야'라고 믿기에 열심히 살아갈 힘을 얻을 수 있는 것입니다.

미래를 낙관적으로 생각하는 것은 분명 긍정적인 일이지만 그와 동시에 미래의 자신을 과신하는 함정에 빠지기도 쉽습니다. 그 결과 자신의 실제 능력을 간과하고 일을 '최단 기간' 내에 끝낼 수 있을 것이라는 행복한 상상에 빠져 버리는 것입니다.

2000년 캐나다 워털루대학교의 마이클 로스와 연구진은 이 주제와 관련한 실험을 했습니다. 그들은 세금 신고서를 제출해야 하는 98명의 참가자에게 다음의 두 시나리오를 작성하게 했습니다. 기한은 4월 30일이었습니다.

A: 4월 2일에는 완성할 것이라는 낙관적인 시나리오.

B: 4월 30일에 간신히 맞출 것이라는 비관적인 시나리오.

연구진은 '실제로 어느 쪽이 일어날 가능성이 더 높을까요?'라고 질문한 다음, 각자 작성 완료일을 예측하도록 했습니다. 이후 마감일이 됐을 때 무려 참가자의 59퍼센트가 자신이 예측한 작성 완료일을 지키지 못했습니다. 완료일을 지키지 못한 참가자 중에는 비관적인 시나리오가 실제로 일어날 가능성이 높다고 대답한 사람이 많았습니다. 그럼에도 시나리오를 작성할 때는 별 다른 근거도 없이 미래를 낙관적으로 바라본 것입니다.

이처럼 미래 계획을 세울 때 예산, 시간, 노력 등을 과소평가하는 경향을 '계획 오류' 또는 '계획 착오'라고 합니다. 이 용어는 1977년 경제학자 대니얼 카너먼과 에이모스 트버스키가 미국 정부 보고서에서 처음 사용했습니다.

계획 오류에 관련한 사례는 역사적으로 수없이 많습니다. 1957년 건설을 시작한 시드니 오페라하우스의 당초 예상 완공일은 1963년이었고 총 예상 비용은 700만 호주 달러였습니다. 그러나 이는 1973년에야 완공됐으며 비용으로 1억 200만 호주 달러가 들었습니다.

또한 1879년에 제작에 착수한 옥스퍼드 영어 대사전의 당초 예상 완성 시기는 1898년이었습니다. 하지만 실제로는 1928년에야 완성됐습니다. 심지어 완성 당시에는 이미 사전의 내용에 오래된 부분이 있어 곧바로 개정판을 제작해야 했습니다.

빠르게 끝내는 것보다
제대로 끝내는 것이 중요하다

계획 오류는 미래의 성과를 대폭 틀어지게 만듭니다. 이에 대처하려면 '더 세밀하게 미래를 보는 것'이 필요합니다. 실제로 발생할 수 있는 구체적인 문제까지 바라볼 수 있다면 낙관적으로 바라보는 것을 억제할 수 있습니다.

시간 연구의 권위자인 심리학자 클라우디아 해먼드는 지금까지의 연구 결과를 통합해 계획 오류에 대비하는 강력한 대처법을 고안했습니다.

1단계, 구체적인 작업 단계를 전부 리스트업하고 각 단계에 필요한 시간을 예측합니다.

2단계, 과거에 유사한 과제를 수행한 적이 있는 경우 당시 실제로 걸린 시간을 참고합니다.

과제가 중단, 연기되거나 문제가 발생한 부분은 그만큼의 시간을 예측 시간에 추가합니다.

3단계, 앞으로의 일정표와 대조해 완료 기한을 정합니다.

중요한 점은 '미래에는 지금보다 시간이 더 많을 것'이라는 낙관적인 관점을 버리는 것입니다. '먼 미래에도 다음 주와 비슷한 정도의 자유 시간밖에 없을 것이다'라고 생각하며 기한을 정하세요.

4단계, 주변의 멘토, 상사, 동료에게 과제 내용을 설명하고 당신이 정한 기한이 현실적인지 의견을 구합니다.

주변 사람들은 당신의 평소 모습을 잘 알고 있기 때문에 당신이 미처 생각하지 못했거나 까맣게 잊고 있던 것도 잘 기억할 때가 많습니다. 아마도 "시간을 좀 더 넉넉히 확보하

는 게 좋지 않을까? 예전에도 비슷한 상황이 있었잖아"라고
조언해 줄 수도 있습니다.

 현실적인 기한을 설정하면 과제를 수행할 때 느껴지는 초
조함이나 두려움이 크게 줄어듭니다. 결국 과제를 더 잘 해결
할 수 있게 되고 좋은 평가를 받을 수 있을 뿐만 아니라 추후
더 많은 기회를 잡을 수 있게 됩니다.
 즉 미래의 나에게 기대지 않고 현실적으로 계획을 세우는
것이 오히려 더 큰 미래의 가능성으로 이어지는 것입니다. 미
래를 낙관적으로 바라보며 최단 기한을 설정하지 말고, 현재
의 나를 객관적으로 바라보며 최적 기한을 세워 봅시다.

계획을 실천할 때는
든든한 조력자를
확보하라

"1953년 예일대학교 졸업생 중 자신의 미래에 대해 구체적인 목표를 적었던 사람은 단 3퍼센트였다. 하지만 20년 후 추적 조사한 결과 3퍼센트의 사람은 목표를 적지 않은 97퍼센트에 비해 수입이 10배나 많았다."

이 이야기는 미국의 〈석세스〉에 소개된 이래 역사상 가장 자주 사용된 '목표 달성'에 관한 에피소드입니다. 이번에는 이 에피소드의 진상을 통해 계획 목표 달성을 촉진하는 뜻밖의 요소에 대해 알아보겠습니다.

목표를 이루고 싶다면
글씨로 적고, 말로 알려라

사실 예일대학교의 목표 설정 실험은 처음부터 그 존재를 의심받았습니다. 예일대학교 졸업생 중 이 조사를 받은 학생은 아무도 없었기 때문입니다. 이를 인용한 강사나 작가도 〈석세스〉 외에 원본 출처를 밝힌 사람은 아무도 없었습니다.

1996년 미국 경제지의 추적 조사를 계기로 사회 심리학자들 역시 본격적으로 이 실험을 검증하기 시작했습니다. 그리고 2020년 9월 28일, 예일대학교 공식 웹사이트에 다음과 같은 답변이 게재됐습니다.

"1953년 예일대학교의 목표 설정 실험은 '존재하지 않았다'는 결론에 도달했습니다."

그렇다면 목표를 적는 것에는 아무런 의미가 없는 걸까요? 결코 그렇지 않습니다. 이와 관련해 도미니카대학교의 게일

매튜스는 2007년 아주 중요한 연구 결과를 발표했습니다.

게일은 연구 참여자 149명에게 목표를 적게 하고 한 달 뒤 달성도를 조사했습니다. 참가자는 세계 6개국에서 모았습니다. 나이는 20대에서 70대까지 폭넓었고, CEO부터 예술가까지 다양한 사람으로 구성됐습니다.

목표는 '집 판매', '세일즈 계약 체결' 등 현실적으로 결과를 명확하게 알 수 있는 것들이었습니다. 심지어 그중에는 '회사의 인수 합병 방어'라는 구체적인 목표도 있었습니다. 참가자들은 다음과 같이 다섯 그룹으로 나뉘어 추가 지시를 받았습니다.

A: 목표를 적고 스스로 평가한다.

B: 목표를 적고 구체적인 행동으로 세분화한다.

C: 목표를 적고 나를 도와주는 친구에게 알린다.

D: 목표를 적고 매주 진행 상황을 친구에게 알린다.

E: 목표를 적지 않고 머릿속에서 전략을 짠다.

한 달 후 목표 달성도를 조사한 결과 목표를 적은 네 그룹 (A~D)은 목표를 적지 않고 머릿속으로만 생각한 E 그룹보다 전체적으로 약 34퍼센트 더 높은 달성도를 보였습니다. 즉 목표를 적는 편이 실제로 달성할 가능성을 높인다는 것입니다.

꾸준함을 유지하려면
남과 상황을 공유하라

목표를 적은 그룹 내에서도 추가 행동에 따른 성과에는 차이가 나타났습니다. 목표 달성도를 수치화했더니 그 순위는 다음과 같았습니다.

1위 D: 매주 진행 상황을 친구에게 알렸다. (7.6점)

2위 C: 목표를 친구에게 알렸다. (6.41)

3위 A: 스스로 목표를 적고 스스로 평가했다. (6.08)

4위 B: 목표를 적고 행동 계획을 세웠다. (5.08)

5위 E: 목표를 적지 않았다. (4.28)

즉 '작성한 목표의 진행 상황을 주변 사람에게 정기적으로 보고하는 것'이 목표 달성을 가장 효과적으로 촉진한다는 것입니다. '거짓말쟁이', '말만 번지르르한 사람' 등으로 불리는 것을 좋아하는 사람은 없습니다. 따라서 공개적으로 계획을 밝히는 것은 움직이게 하는 원동력이 됩니다.

매주 당신이 진행 상황을 보고하는 것을 기대하고 응원해 주는 사람이 있다면 그 기대에 부응하고 싶은 마음이 주는 힘도 클 것입니다. 사람은 자신의 말에 대한 책임을 지고 싶어 하는 본능이 있기 때문입니다. 주변에 목표를 공유하면 이는 단순히 머릿속에서 맴도는 생각이 아니라 실천해야 할 과제로 나아가게 됩니다. 특히 신뢰하는 사람이나 존경하는 사람에게 이야기하면 그 책임감은 더욱 커지게 되겠죠.

어떻게든 실현하고 싶은 목표가 있다면 이를 '절대로 믿음을 저버리고 싶지 않은 사람에게 보고'해 보세요. 노전에는 늘 리스크가 있지만 그만큼 결과를 얻기도 수월해질 것입니다. 저 역시 어떤 업무의 첫 미팅에서는 구체적인 내용을 정리하기 전에 우선 앞으로의 연락 체계를 확실하게 설정하는 편입니다. 서로 피드백을 주고받는 과정에서 얻는 에너지가 분명히 존재하기 때문입니다.

누군가와 함께하면 더 멀리 갈 수 있습니다. 목표를 다짐에서 끝내지 않고 반드시 실현하고 싶다면, 가장 먼저 할 일은 그것을 말로 꺼내 공유하는 것입니다. 그러다 보면 꿈이 현실이 될 것입니다.

나이 때문에
조급해질 필요는
없다

우리는 인생을 '10년 단위'로 생각하곤 합니다. 이는 많은 나라와 문화권에서 나타나는 공통적인 현상입니다. 그리고 사람들은 새로운 10년이 다가오면 지금까지 하지 않았던 일들에 관심을 갖기 시작합니다. 예를 들면 19세, 29세, 39세에 말이죠.

2014년 뉴욕대학교의 아담 L. 올터 연구팀은 이런 현상을 '9-엔더스(9-Enders)'라고 명명했습니다. 연구팀은 331명의 참가자를 세 그룹으로 나눠 다음과 같은 주제로 글을 쓰게 했습니다.

A: 내일 할 일.

B: 다음 생일 전날 밤에 느낄 감정.

C: 다음 새로운 10년이 시작되기 전날 느낄 감정(예를 들어 현재 25세인 참가자는 30세가 되기 전날 밤).

누구나 새로운 10년 앞에서 삶의 의미를 고민하기 시작한다

인생의 의미에 대해 가장 열정적으로 쓴 사람들은 C 그룹, 즉 새로운 10년이 시작되기 전날 밤을 상상한 그룹이었습니다. 이런 경향은 100개국 4만 2,063명의 성인을 대상으로 4년간 실시한 '세계 가치관 조사'의 응답에서도 확인됐습니다.

그러나 문제는 그다음입니다. '내 인생은 이대로 괜찮은가?'라는 위기감에 빠진 사람들은 충동적인 행동을 할 가능성이 높아지기 때문입니다. 연구팀은 다양한 조사 결과를 보고했습니다.

나만의 리듬에 맞춰
꾸준히 나아가라

불륜 전용 만남 사이트의 남성 가입자를 조사했더니 나이의 마지막 숫자가 9인 가입자가 다른 연령대 가입자보다 약 18퍼센트 더 많았고, 2000년부터 2011년까지 미국인 10만 명당 자살률은 나이의 마지막 숫자가 9인 사람들의 자살률이 다른 연령대보다 더 높았고, 마라톤에 처음 도전한 500명의 나이를 조사한 결과, 나이의 마지막 숫자가 9인 참가자가 74명으로, 다른 연령대보다 압도적인 60퍼센트였습니다.

이러한 조사 결과들은 단지 우연의 일치일 수도 있지만, 나이의 마지막 숫자가 9인 사람들에게는 무언가 특별한 감정이나 충동이 일어날 가능성이 있음을 시사합니다. 만약 지금 당신이 인생에 대해 깊은 고민을 하고 있거나 초조함을 느끼고 있다면, 당신의 나이가 바로 그 숫자에 해당하지는 않는지 확인해 보는 것도 한 가지 방법일 수 있습니다. 어쩌면 그것은 누구나 일시적으로 겪는 충동일 수도 있고, 나이가 들어가며 자연스럽게 찾아오는 변화의 순간일 수도 있습니다. 중요한 점은, 당신이 몇 살이든 그 나이에 맞는 인생의 계획을 언제든지 세울 수 있다는 사실입니다. 나이는 숫자에 불과하며, 그 어떤 순간에도 변화를 꿈꾸고 새로운 도전을 시도할 수 있습니다. 그러니 걱정하지 말고, 오늘을 살아가며 원하는 삶을 만들어 가기를 바랍니다.

시간 지도의 이정표 2

인생에서 하고 싶은 일을 전부 하려면?

✕ 그때그때의 흐름에 맡겨 살아간다.

◯ 일을 시작하기 전 구체적으로 계획을 세워 충동적으로 접근할 상황을 줄인다.

무언가를 달성하는 가장 좋은 방법은?

✕ 단순히 '기분'을 좋게 만든다.

◯ 명확한 '기한'을 설정하고 중간 점검을 통해 끊임없이 계획을 보완한다.

할지 말지 고민될 때는 무엇을 기준으로 결정해야 할까?

✕ 비용이 얼마나 드는지 따진다.

◯ 시간을 얼마나 필요로 하는지 따진다.

기한을 정할 때 가장 중요한 것은?

✕ 무조건 '최단'을 목표로 잡는다.

◯ 상황과 조건을 고려해 일을 제대로 끝내기 위한 '최적'의 기한을 설정한다.

계획을 작성할 때 함께 적으면 좋은 것은?

✕ 단순히 구체적인 행동 계획만 적는다.

○ 목표와 진행 상황을 보고하거나 공유할 사람을 함께 적고 꾸준함
을 유지할 수 있는 환경을 조성한다.

조급함이 느껴져 환경을 바꾸고 싶을 때는 어떻게 해야 할까?

✕ 당장 마음의 소리에 따라 환경을 바꾼다.

○ 변화에 대한 심리적 계기를 먼저 이해한다.

3장

더 빨리
목적지로 가는
시간 활용

실천

행복한 사람들은
마음 가는 곳에
시간을 쓴다

2009년 로체스터대학교 연구팀은 흥미로운 연구 결과를 발표했습니다. 연구팀은 대학 졸업을 앞둔 246명의 학생들에게 진로를 결정할 때 무엇을 중시했는지 조사했습니다. 학생들의 답변은 크게 두 가지로 나뉘었습니다.

A: '더 성장하고 싶다', '인간관계를 더 돈독히 하고 싶다', '지역 사회에 공헌하고 싶다', '몸과 마음 모두 건강하고 싶다' 등 내적 동기.

B: '더 많은 돈을 벌고 싶다', '더 많은 인기를 얻고 싶다', '더 대단한 사람이라고 여겨지고 싶다' 등 외적 동기.

외적 동기를 이기는
내적 동기의 힘

1년 후 설문 조사에서는 A 그룹과 B 그룹 모두 나름대로 목표를 달성한 것으로 나타났습니다. 하지만 2년 후 다시 이뤄진 조사에서 내적 동기를 중시한 A 그룹은 더 큰 행복을 느꼈고 몸과 마음이 모두 건강한 삶을 사는 반면 외적 동기를 가진 B 그룹 행복을 잘 느끼지 못하고 몸과 마음의 건강 상태가 좋지 않다고 생각하며 살고 있었습니다.

이 실험은 우리에게 두 가지 교훈을 줍니다.

첫째, 무엇이든 내면의 강한 열망은 현실화되기 쉽고,

둘째, 행복하고 건강한 삶을 원한다면 성장과 공헌을 목표로 삼아야 한다는 것이죠.

저 역시 6,000만 엔의 빚을 진 상태에서 다시 재기에 도전했을 때는 외적 동기 그 자체로 무장한 상태였습니다.

'방이 두 개인 아파트가 아니라 거실이 있는 집에 살고 싶다.'
'피아노 교실을 운영하는 아내에게 그랜드 피아노를 사 주고 싶다.'
'책을 출간해 전국 유명 서점에 진열하고 싶다.'

이러한 소망이 저와 아내를 긍정적으로 만든 것은 사실입니다. 하지만 문득 이런 생각도 들었습니다.

'이 모든 일이 이뤄진 후 나는 대체 무엇을 하고 있을까?'

모든 소망을 이루고 나서도 하고 싶은 일이 있다면

제가 내린 답은 '내가 배우고 실천한 것 중 도움이 될 만한 핵심을 사람들 앞에서 이야기하거나 문장으로 표현하는 것'이었습니다. 이는 그야말로 가슴을 뛰게 하는 비전이었습니다. 그 비전을 위해서라면 무엇이든 배워 성장하고 어느 곳에

든 기여해야겠다고 생각했습니다. 그러자 재미있는 일이 일어났습니다.

비전을 따라가다 보니 1년 후에는 빚을 모두 갚고 2년 후에는 세미나 룸이 포함된 3층 집을 지을 수 있었습니다. 또한 출판한 책은 스테디셀러가 됐고 판매량이 10만 부를 돌파했습니다. 이후 저는 약 1억 7,000만 엔 정도를 성장에 다시 투자했고, 67세가 된 지금도 여전히 작가이자 강사로서 공헌하고 있습니다.

모든 소망이 실현된 후에도 하고 싶은 일이 있나요? 그것을 위해 어떤 노력을 기울일 수 있나요? 비전을 따라 살아가다 보면 돈과 명예는 자연스럽게 따라올 것입니다.

매일 보는 것이 달라지면
인생의 방향이
달라진다

"생각은 현실이 된다."

1937년 미국의 성공학 연구자 나폴레온 힐은 성공 철학의 바이블을 세상에 공개했습니다. '생각만 해도 이뤄진다면 누가 고생하겠어'라는 비판은 어느 시대에나 존재했지만 실제로 성공한 많은 사람은 이 책의 내용을 실천해 왔습니다. 그리고 최신 과학은 사고가 어디에서 비롯되는지 조금씩 밝혀내고 있습니다.

자주 눈에 띄기만 해도
호감이 생기는 마법

'이 네 장의 여성 얼굴 사진 중에서 가장 호감이 가는 사람은 누구인가요?'

피츠버그대학교의 리처드 모어랜드 교수는 학생들에게 질문을 던졌습니다. 사진 속 네 명의 여성은 그 누구도 본 적 없는 얼굴이었습니다. 학생들은 결국 개인의 취향에 따라 선택할 수밖에 없을 것 같았습니다. 하지만 실험 결과 특정 여성 한 명에게만 표가 몰렸습니다.

사실 이 실험은 강의 첫날부터 은밀히 진행됐습니다. 가장 많은 표를 받은 여성은 강의실 맨 앞줄에 앉아 약 15번 정도 강의를 들은 사람이었습니다. 다만 그녀는 강의를 듣기만 했을 뿐 그 어떤 학생과도 교류하지 않았습니다. 맨 앞줄에 앉아 있어서 등은 보였지만 얼굴은 거의 보이지 않았고 그마저도 신경을 써야 볼 수 있는 정도였습니다. 그럼에도 학생들은 무의식적으로 그녀를 인식하고 친숙하게 느끼고 있었습니다. 그리고 그녀를 가장 호감 가는 사람으로 선택했던 것입니다.

'인간은 반복적으로 눈에 들어온 것을 선택한다.'

인간의 몸에는 약 1,100만 개의 감각 수용체가 있는데, 그중 약 1,000만 개가 '보는 것'에 사용됩니다. 우리가 내리는 판단의 90퍼센트 이상은 시각 정보에 의존한다는 것입니다. 즉항상 눈에 들어오는 것을 의식적으로 바꾸면 원하는 방향으로 자연스럽게 나아갈 수 있습니다. 이 원리를 활용해 일상적인 선택을 바꾸면 행동 역시 자연스레 변하게 되고, 이는 결국 인생의 방향성을 바꾸고, 결국에는 운명까지도 변화시킬수 있습니다.

주변 환경을
좋아하는 것으로 채워라

저는 자동차 판매 회사에 신입으로 입사한 적 있습니다. 당시 저와 동기들은 독신 기숙사에 살고 있었습니다. 동기들 사이에서는 항상 서로의 방 책장에 대한 이야기가 나오곤 했습니다. 동기들은 다들 차를 너무 좋아했고 차를 곧 목숨처럼 생각하는 사람들뿐이었습니다. 구내식당에서 무료로 읽을 수 있는 자동차 잡지까지도 굳이 개인이 구매해서 책장을 채우 곤 했습니다. 한편 제 책장은 성공 철학서나 자기계발서로 가 득했습니다. 동기들은 저를 '이상한 녀석'으로 여겼습니다.

하지만 당시 책장에 꽂혀 있던 책들의 라인업은 서로의 미 래를 암시하고 있었습니다. 저는 28세에 능력 개발 업계로 이 직했고 지금까지 계속 그 세계에서 나아가고 있습니다. 반면 동기들은 그대로 자동차 업계에 남아 정년까지 승진을 거듭 했습니다.

옳고 그르거나 맞고 틀린 건 없습니다. 다만 중요한 것은 미래의 씨앗은 이미 일상의 공간에 존재한다는 사실입니다. 당신이 무심코 반복해서 보고 있는 것은 무엇인가요?

좋든 싫든 우리는 눈에 자주 들어오는 것의 영향을 받습니 다. 따라서 원하는 미래가 있다면 나의 환경을 그에 맞는 정 보들로 의도적으로 맞출 필요가 있습니다. 많은 변화가 필요 한 것도 아닙니다. 내가 먹고 자고 사는 방의 환경부터 바꿔 보세요.

예를 들어 당신이 미래에 세계적인 강사가 되고 싶다면 책 장의 가장 눈에 띄는 곳을 프레젠테이션 관련 서적으로 채우고, 스마트폰과 컴퓨터의 북마크는 'TED' 같은 세계적 연설 관련 사이트로 가득 채울 수 있을 것입니다. 혹은 방 벽이나 스마트폰 배경 화면을 존경하는 강연자가 무대에 선 모습으로 설정하는 것도 좋은 방법입니다. 좋은 환경은 당신을 좋은 사람으로 이끌 것입니다. 삶에서 가장 우선해야 할 노력이 있다면 그것은 단 하나, 보는 것을 바꾸는 노력뿐입니다.

작은 행동이라도
꾸준히
점검하라

　모든 목표는 빛나지만 이를 실현하는 과정은 단조로운 일의 연속일 수 있습니다. 어쩔 때는 포기하고 싶을 때도 있죠. 그럴 때는 '목표 달성 후의 찬란한 보상'을 상상하는 것이 도움이 되곤 합니다.

　시상대에서 메달을 받는 모습이나 성공한 당신을 축하하는 파티 장면을 떠올려 보세요. 하지만 그런 미래를 쉽게 상상하기 어려울 때는 어떻게 하면 좋을까요?

급여나 평가보다도 중요한
아주 사소한 삶의 진척

목표를 향해 나아가는 팀원들의 의욕을 가장 크게 높여 주는 것은 급여 인상이나 승진일까요? 2011년 하버드 비즈니스 스쿨 교수 테레사 아마빌 등은 일의 보람과 일할 맛에 관한 기념비적이라고 할 수 있는 연구를 발표했습니다.

아마빌 교수는 세 개 분야 7개 기업의 총 26개 팀을 대상으로 네 달 동안 매일 일지를 작성했고, 1만 1,637개의 일지를 수집하고 분석했습니다. 조사 대상자가 '오늘 정말 최고였다!' 고 회고한 날의 일지 중 76퍼센트에는 삶의 진척에 대한 내용이 담겨 있었습니다.

무언가를 돌파한 작은 경험, 소박한 목표 달성, 출발선에 발을 내디딘 순간 등 사소한 행복의 축적이 일상에서 보람을 느끼게 하는 원동력이 된 것입니다. 그러나 안타깝게도 관리자 위치에 있는 사람들은 팀원에 대한 평가가 의욕의 원천이라고 생각했고 축적의 중요도는 가장 낮게 평가하고 있었습니다.

사실 일에서 의욕을 잃게 되는 가장 큰 원인은 먼 미래의 일만 생각하기 때문에 생겨나곤 합니다. 어떤 작은 일이라도 상관없습니다. 어제보다 나아진 점을 전부 기록해 보세요. 그 것이 바로 당신에게 동기를 부여하는 원천이 됩니다.

작은 시작은
상황과 행동에 불을 붙인다

축적은 전략적으로 활용할 수 있습니다. 2006년 USC 마샬 경영대학원의 조셉 C. 누네스 등은 독특한 실험을 했습니다.

한 세차장은 방문한 고객 300명에게 "한 번 세차를 할 때마 다 도장을 하나씩 찍어드리고, 도장을 모두 모으면 무료 세차 를 제공합니다"라고 적힌 스탬프 카드를 나눠 줬습니다. 카드 는 다음 두 종류였습니다.

A: 스탬프를 찍을 수 있는 빈칸이 8개 있는 카드.
B: 스탬프를 찍을 수 있는 빈칸이 10개 있지만, 이미 스탬프 가 2개 찍힌 카드.

9개월 후 두 카드의 회수율을 분석하자 놀라운 결과가 나 왔습니다. A 카드는 회수율이 약 19퍼센트인 데 반면 B 카드는 회수율이 약 34퍼센트였습니다. 두 카드 모두 필요한 스탬프 수는 8개로 같았지만 고객들의 동기 부여에는 큰 차이가 있었던 것입니다. 연구팀은 이 현상을 '부여된 진행 효과'라고 표현했습니다.

사람은 새로운 일을 시작하는 것을 아주 번거롭게 여기지만 반대로 이미 시작한 일을 끝내지 않으면 찝찝함을 느끼기도 합니다. 따라서 B 카드는 이미 2회 진행된 것처럼 보이기 때문에 '끝까지 채우지 못하면 아깝다'고 생각하기 쉬운 것입니다. 이는 어떤 상황이나 행동을 가속화하거나 추진하는 기폭제 역할을 하는 '불쏘시개 효과'라고도 할 수 있습니다. 마치 불쏘시개가 불을 쉽게 붙게 해 큰 불이 타오르게 만드는 셈입니다.

이는 물론 당신의 목표 달성에도 응용할 수 있습니다. 목표 달성 시작일을 정한 후 그 며칠 전부터 시작해 보세요. 이렇게 하면 실제로 시작하는 날이 다가왔을 때 이미 며칠 분은 목표에 가까워져 있기 때문에 '이대로 계속하면 되겠다' 하고 기분 좋게 진행할 수 있습니다.

만약 평범하게 일을 진행할 경우, 처음 예정된 시작일에 부득이한 이유로 일을 시작하지 못한다면 컨디션이 틀어져 재조정하는 데 꽤 시간이 걸릴 가능성도 있습니다. '토요일에 회식을 해 버렸으니까 일요일까지 쉬고 월요일부터 다이어트를 시작하자!' 같은 생각을 하는 것입니다. 우리의 심리를 활용해 기분 좋게 목표를 향해 나아가 봅시다.

빠른 실행력이
기회를
사로잡는다

"저 아이디어, 내가 더 먼저 떠올렸는데!"

정말 기발한 아이템이 머릿속에 떠올랐지만, 찰나의 타이밍을 놓쳐 아깝게 기회를 놓칠 때가 있습니다. 그러나 내가 떠올린 아이디어는 대개 세 명이 동시에 떠올리고 있다고도 합니다. 그렇다면 희비를 가르는 결정적인 차이는 어디에서 나올까요?

운명을 바꾼
2시간의 차이

대부분의 발명은 같은 시기에 누군가가 동시에 떠올렸지만 서로 그 사실을 전혀 모르는 경우가 많습니다. 가장 유명한 예는 전화기의 발명일 것입니다.

1876년 2월 14일 그레이엄 벨은 미국 특허청에 전화기의 특허를 출원했습니다. 그런데 기묘하게도 같은 날 2시간 뒤에 엘리샤 그레이도 동일한 특허를 출원했습니다. 결국 그 시간 차이가 결정적인 영향을 미쳐 그레이엄 벨이 전화기의 발명자가 됐습니다. 하지만 이야기는 여기서 끝나지 않습니다.

한 달을 거슬러 올라간 1876년 1월, 한 남자가 이미 전화기의 특허를 신청했습니다. 하지만 안타깝게도 그의 신청은 서류 미비로 거절당했습니다. 그의 이름은 그 유명한 발명왕 토머스 에디슨입니다.

그렇다면 전화를 가장 먼저 고안한 사람은 에디슨이었을까요? 그렇지도 않습니다. 시간을 더 거슬러 올라가 1871년 이탈리아인 안토니오 메우치는 중병에 걸린 아내와 대화하기 위해 전화기의 기초가 되는 장치를 발명했습니다. 그러나 메우치는 자금 부족으로 정식 특허를 취득할 수 없었습니다. 게

다가 갱신 비용을 지불하지 못해 가특허조차 취득하지 못했고 이는 1874년에 결국 실효되고 말았습니다. 다행히 2002년 6월 11일 미국 의회는 안토니오 메우치를 전화기의 정식 발명자로 결의했습니다.

부족한 건 아이디어가 아닌
발빠른 포착 능력이다

많은 사람이 '나는 아이디어나 기회가 부족하다'며 고민합니다. 하지만 아이디어와 기회는 조금만 주의를 의식하고 있어도 꽤 높은 확률로 찾아옵니다. 정말 없는 것은 그것들을 잡아낼 속도입니다.

저도 발명은 아니지만 속도에 관한 쓰라린 추억이 있습니다. 30대 초반 연수 회사에 근무했을 당시 CEO에게 한 기업의 연수 의뢰를 받았습니다. 저는 일을 책임감 있게 하고 싶었기 때문에 '상사와 상의한 뒤에 결정하겠다'고 답한 뒤 일단 대답을 보류했습니다.

그리고 다음 날 "하겠습니다"라고 의사를 전하러 간 순간 충격적인 이야기를 듣고 말았습니다. 연수 의뢰가 이미 제 동기 강사에게 넘어갔다는 것이었습니다.

"나에게 먼저 왔던 제안인데!"

저는 너무나도 억울하고 분했습니다. 심지어 마음속에서 CEO에 대한 분노의 감정까지 치밀어 올랐습니다. 하지만 지금 생각해 보면 당연한 일이었습니다. 저는 없었지만 동기에게는 있었던 것, 그것은 바로 속도였습니다. 누구든 기회를 주는 입장이라면 그 자리에서 "맡겨 주십시오!"라고 바로 답할 수 있는 사람에게 기회를 주고 싶을 것입니다. 그 이후로 저는 어떤 상황에서도 속도를 의식하며 기회라고 생각되면 즉시 손을 들었습니다. 물론 순간적으로 상황을 판단할 순발력은 필수일 것입니다.

만약 어떤 선택을 앞두고 깊게 고민에 빠지는 편이었다면 서서히 '답변 보류'를 줄이는 연습을 하는 게 좋습니다. 'YES'인지 'NO'인지 빠르게 답할 수 있는 사람이 점점 더 많은 아이디어와 기회를 얻을 것이기 때문입니다.

애매한 열 가지보다
확실한 한 가지에
집중을 쏟아라

누구나 유튜브를 보면서 숙제를 하고 스마트폰을 보면서 일을 합니다. 멀티태스킹은 이제 어디서나 일어나고 있습니다. 컴퓨터 과학에서 시작된 개념인 멀티태스킹은 하나의 시스템이 여러 가지 작업을 수행하는 것을 의미합니다. 만약 사람이 정말로 원활한 멀티태스킹이 가능하다면 이보다 더 시간 절약에 효과적인 방법은 없을 것입니다. 그런데 과연 컴퓨터가 아닌 인간이 멀티태스킹을 잘할 수 있을까요?

사람은 본질적으로
멀티태스킹을 할 수 없다

2015년 프랑스의 MRI 검사 센터 'NeuroSpin'은 흥미로운 연구 결과를 발표했습니다. 연구팀은 참가자들에게 '흘러나오는 12개의 문자 중에서 특정 문자를 고르는 과제'와 '음의 높낮이를 구별하는 과제'를 동시에 진행하게 했고 이를 최대한 빠르게 수행하도록 요청했습니다. 그리고 과제 도중 참가자들의 뇌 상태를 측정했습니다.

실험이 시작된 후 불과 0.5초 만에 문자 선택 프로세스와 음을 구별하는 프로세스 중 하나가 반드시 지연됐습니다. 즉 우리는 멀티태스킹을 하고 있다고 생각하지만 실제로 뇌는 마치 저글링처럼 작업 하나에 집중한 후 빠르게 다른 작업으로 전환하는 방식으로 작업을 처리하고 있다는 것입니다. 이런 인지적 부담은 뇌에 큰 압박을 가합니다.

연구팀은 다음과 같이 말했습니다.

"사람은 아무리 똑똑해도 한 번에 여러 가지 작업에 집중할 수 없다."

물론 한 번의 작업 전환은 몇 분의 1초 밖에 걸리지 않습니다. 그러나 이것이 반복되면 인지 능력에 부담이 가해지기 시작합니다. 그럼 서서히 성과가 떨어지거나 오류가 발생하게 되죠.

하루를 블록으로 나누고
한 번에 묶어서 처리하라

인지 신경과학자 데이비드 E. 마이어에 의하면 멀티태스킹으로 인해 사람의 생산성은 한 가지 일에 집중하는 것에 비해 최대 40퍼센트까지 감소한다고 합니다. 또한 이 문제를 처음 세상에 알린 1975년 토론토대학교의 실험은 멀티태스킹으로 인한 작업 전환의 연속으로 작업 완료 시간과 실수의 빈도 모두 최대 50퍼센트 증가한 것으로 나타났습니다.

한편 유타대학교의 실험에서는 멀티태스킹으로 과제에 임한 결과 여러 가지 작업을 동시에 잘 처리해 성과를 낸 참가자는 단 2.5퍼센트에 불과했다고 합니다. 나아가 주의력이 낮아 애초에 멀티태스킹에 적합하지 않은 사람일수록 오히려 멀티태스킹을 선호하는 경향이 있다고 합니다.

결과적으로 웬만한 사람은 멀티태스킹을 하면 오히려 일의 효율이 떨어집니다. 가장 효과적이고 스트레스가 적은 방법은 하나씩 집중해서 처리하는 '싱글 태스킹'입니다. 이때 유용한 방법이 '타임 블로킹'과 '타임 청킹'입니다. 타임 블로킹은 하루를 일정한 시간 블록으로 나누고 각 블록을 특정한 작업이나 활동에 할당하는 방법이고, 타임 청킹은 비슷한 유형의 작업을 묶어서 한 번에 처리하는 방법입니다. 이런 전략들은 하나의 작업에 집중할 시간을 확보해 멀티태스킹처럼 중단이 연속되는 것에서 오는 부담으로부터 뇌와 몸을 해방시켜 줍니다.

예를 들어 저는 기본적으로 연락을 쌓아 뒀다가 하루 중 특정 시간을 정해 놓고 한 번에 답장을 보내곤 합니다. 또한 원고 집필이나 교정, 강의 자료 만들기 등을 할 때는 미리 직원들에게 집중할 시간을 고지하고 긴급한 경우가 아니면 연락을 자제해 달라고 부탁합니다. 그리고 해야 할 일을 포스트잇에 적어 PC의 데스크탑에 붙여 두지도 않습니다. 주의가 분산되지 않도록 주의하는 것입니다.

한 가지 일에 집중하는 시간을 가져 보세요. 20분 정도라도 좋습니다. '한 가지 일에 집중하는 것도 꽤 괜찮다'고 느낄 수 있다면 이미 긍정적인 변화가 시작된 것입니다.

환경 변화가
행동 변화를
만든다

"마음가짐을 바꾸면 사람은 그에 걸맞은 행동을 선택하게 된다."

이는 자기 계발계의 정설로 통하는 문장입니다. 반세기 가까이 이 분야에 몸담아 온 저 역시 이 문장을 진리라고 느낍니다.

다만 실제로 눈에 보이지 않는 마음가짐을 바꾸는 것은 대단히 어렵습니다. 마음가짐도 행동도 자연스럽게 바뀌는 비

책이 있다면 무엇일까요?

그릇이 커지면
담는 것도 많아진다

2013년 코넬대학교 브라이언 워싱크 교수와 연구팀은 흥미로운 실험을 진행했습니다. 그들은 43명의 참가자에게 중국식 레스토랑에서 뷔페 코스를 먹게 했습니다. 참가자들은 실험의 목적을 알지 못한 채 음식을 담을 접시를 골랐습니다. 25명은 큰 접시를, 18명은 작은 접시를 선택했습니다.

실험은 체형과 나이가 비슷한 참가자들을 대상으로 진행됐습니다. 그런데 큰 접시를 사용한 사람들은 작은 접시를 사용한 사람들에 비해 52퍼센트 더 많이 음식을 담고, 45퍼센트 더 많이 먹었으며, 135퍼센트 더 많은 음식을 낭비했습니다.

즉 큰 접시를 사용하는 것만으로 평범한 사람이 갑자기 대식가로 변신한다는 사실을 알 수 있었습니다. '적당한 양만 먹어야지' 하고 마음가짐을 바꾸려고 노력하는 것보다 식사 환경을 바꾸는 것이 훨씬 더 쉬운 것입니다. 그리고 이는 식사에만 국한되는 것이 아닙니다.

행동 패턴을 바꾸는
사소한 변화

약 40년 전 28살 때 저는 한 능력 개발 훈련 회사로 이직했습니다. 그 회사의 사장님을 존경했고, 인생의 환경을 바꿔 그릇을 넓히고 싶었기 때문입니다. 처음에는 사장님의 가방을 들고 다니며 어깨 너머로 일을 배웠습니다. 아침 일찍 화장실 청소도 했습니다.

이직 후 첫 3년간 제 연봉은 약 1,200만 원 정도였습니다. 당시 저는 '살아 있는 백과사전'이라고 불릴 정도로 능력 개발에 관한 지식은 많았지만, 영업 실력은 형편없었기 때문입니다. 하지만 여기서부터 그릇의 진정한 힘이 발휘됐습니다. 창고 관리 부서로 배치된 제게 '수험생 지원'이라는 업무가 주어진 것입니다.

당시에는 고가의 교재를 구매한 고객들이 이를 제대로 활용하지 못하는 문제가 있었습니다. 저는 교재에 대한 지식에 그 누구보다 자신이 있었습니다. 그래서 일에 보람을 느끼며 열심히 고객을 지원했고, 어느새 저만의 오리지널 강의를 개최할 수 있게 됐습니다.

그리고 새로운 부서로 배치된 지 1년 만에 저는 마침내 수석 강사로 승진했고, 연간 150번 이상 전국에서 연수를 진행했으며, 상장 기업의 3일 연수를 담당하기도 했습니다. 물론 연봉도 급격히 올랐습니다. 이때의 경험은 이후 30년 동안의 강사 생활의 단단한 기반이 됐습니다.

좋은 환경에 있으면 그 환경 밖의 사람들에게는 드러나지 않는 특별한 기회가 나타납니다. 목표를 세웠다면 그 목표를 이루기 위해 일상적으로 요구되는 행동을 할 수 있어야 합니다. 그런 환경에서 좋은 영향을 받다 보면 이전에는 상상도 하지 못한 미래에 도달할 수 있을 것입니다.

돈을 투자할 만큼 몰입할 일을 찾아라

부자가 되는 방법은 수백 년 전부터 뜨거운 주제였습니다. 하지만 '성공한 부유층이 매일 실제로 무엇을 하고 있는가'를 아는 사람은 많이 없습니다. 그리고 부자들이 아무리 돈이 많아도 그들 역시 하루 24시간을 몸 하나로 살아가야 한다는 점은 공평합니다.

2019년에 발표된 매사추세츠공과대학교 폴 스미츠 교수는 성공한 부유층 863명과 일반인 1,232명의 하루 시간 사용법을 비교했습니다. 그 결과, 인생에 만족하는 부유층의 시간 사용법에는 다음과 같은 특징이 있었습니다.

여가 시간에는
능동적인 활동을 하는 게 좋다

첫째, 일반인보다 능동적인 여가 시간(운동, 자원봉사, 사회 활동 등)에 평균 29분 더 많은 시간을 할애했습니다.

둘째, 일반인보다 수동적인 여가 시간(멍하니 있거나 TV 보기 등)에 평균 40분 더 적은 시간을 할애했습니다.

또한 부유층은 요리, 청소, 쇼핑 등 일상적인 업무를 스스로 처리하는 경우가 많은 것으로 나타났습니다. 다른 비교 실험에서 역시 인생에 만족하는 부유층은 일반인들에 비해 매일 평균 약 18퍼센트 더 많은 시간을 자율적인 일에 할애하고 있었습니다. 여기서 자율적인 일이란 목표, 시간, 방법 등을 스스로 결정할 수 있는 일을 말합니다.

그리고 가장 중요한 점은 성공한 부유층은 여가와 일을 위한 시간을 더 적극적으로 만들기 위해 보다 건강을 유의하고,

활동하기 좋은 환경을 선택해 생활한다는 것입니다.

돈을 버는 일보다 중요한
돈을 쓰고 싶은 일

결국 일반인과 성공한 부유층의 가장 큰 차이는 바로 '인생에 대한 적극성'에 달려 있습니다. 즉 누구든지 지금보다 더 적극적으로 인생을 산다면 성공한 삶을 살고 있다고 말할 수 있을 것입니다. 항상 스스로에게 이런 질문을 던져 보세요.

"이 일이 과연 내가 돈을 쓰면서까지 하고 싶은 일일까?"

고생한 대가로 돈을 받는 것이 아니라 오히려 내가 돈을 지불해서라도 하루 종일 하고 싶은 일이 있다면 우리는 언제나 그 일에 적극적으로 임할 수 있을 것입니다.

저는 20대 시절 많은 사람 앞에서 말할 때면 금세 얼굴이 빨개지며 당황하곤 했습니다. 스피치 공포를 극복하기 위해 2년간 말하기 학원 세 곳을 다녔던 적도 있죠. 그중 한 학원에서 저는 "당신도 500명 앞에서 당당하게 말할 수 있습니다"
라고 적힌 팸플릿을 발견했습니다.

문장과 함께 실제로 누군가 무대에 서 있는 사진을 본 순간
'만약 기회가 된다면 출연료를 지불해서라도 500명 앞에서 말
해 보고 싶다!'라는 강한 열망이 솟아올랐습니다. 지금 생각
해 보면 이것이 제 평생의 일인 '강사'로서의 발돋움이었습니
다. 그렇게 저는 67세가 된 지금도 매년 200회 이상 사람들
앞에서 이야기하고 있습니다.

누구에게나 돈을 써서라도 하고 싶은 일은 있습니다. 그런
일에 시간을 쓰고 인생을 채우는 사람이야말로 진정으로 성
공한 사람이라고 말할 수 있을 것입니다.

시간 지도의 이정표 3

가장 빨리 행복하게 성공하고 싶다면?

✗ 외적 동기를 기반으로 시작한다.

◯ 내적 동기를 기반으로 시작한다.

인생을 낭비하지 않으려면 어떤 노력이 필요할까?

✗ 취득할 자격증이나 자격을 엄선한다.

◯ 나에게 필요한 정보를 선별적으로 받아들인다.

어떻게 하면 행동에 박차를 가할 수 있을까?

✗ 목표를 달성한 후의 보상을 상상한다.

◯ 매일의 작은 성과와 축적을 확인하며 동기 부여를 얻는다.

기회를 잡아 성공하는 사람들의 특징은?

✗ 참신한 아이디어가 넘친다.

◯ 기회를 인지하고 행동으로 옮기는 속도가 빠르다.

많은 업무를 빠르게 처리하려면 어떻게 해야 할까?

✗ 멀티태스킹으로 한꺼번에 처리한다.

◯ 하나씩 집중해서 처리하며 완성도를 높인다.

행동력을 극적으로 향상시키려면 무엇이 필요할까?

✕ 마음가짐을 바꾼다.

○ 행동하기 좋은 환경으로 바꾼다.

성공하는 사람이 되는 비결은 무엇일까?

✕ 조기 은퇴를 목표로 삼는다.

○ 현재의 인생에 적극적으로 임하며 성장과 성취를 이어 간다.

4장

어디서도 헤매지 않는 시간 체계

습관

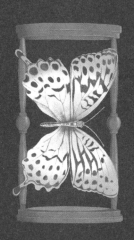

시간 관리와 성공은 습관에 달려 있다

시간을 내 편으로 만들기 위해서는 '습관화'를 빼놓을 수 없습니다. 그래서 많은 사람이 오늘도 습관을 만들기 위해 열심히 노력하고 있습니다.

성과를 내고 싶다면 좋은 습관을 만들어야 한다

습관은 자신의 내외적인 상황과 상관없이 의식하지 않고도 생각하고 움직이게 합니다. 무언가 성과를 내고 싶은 사람에게는 필수적인 스킬이죠.

보통 습관화에 대해 가장 많이 논의되는 주제는 '얼마나 지속해야 습관이 되는가?'입니다. 이에 대해서는 3일, 21일, 최근에는 66일 등 여러 가지 이론이 나왔지만 결국 이는 습관화하고 싶은 행동의 내용과 당사자의 의지에 달려 있다고 할 수 있습니다.

2019년 클리어 싱킹이라는 회사는 습관화에 관한 중요한 연구를 발표했습니다. 이들은 477명의 참가자에게 매일 운동 혹은 공부 중 하나를 습관화하는 데 도전하도록 했습니다. 그리고 일부 참가자에게는 세간에 잘 알려진 22개의 습관화 테크닉 중 5개를 시도해 보도록 했습니다. 이는 예를 들어 '주변 사람들에게 협조 구하기', '스스로 "나는 할 수 있다!"라고 암시하기', '습관화된 내 모습 상상하기', 'SNS에서 선언하기' 등이 있었습니다. 이 테크닉 중에는 학문적으로도 좋은 평가를 받고 있는 'WOOP 테크닉(습관화의 장애물을 미리 상상하고, 그에 대한 대책을 준비해 두는 것)'도 포함됐습니다.

4주 후 연구팀은 수집된 1,256개의 기록을 분석했고, 습관화에 가장 도움이 되는 단계를 밝혔습니다.

행동을 습관화하는
두 가지 비결

1단계, 먼저 '왜 그 행동을 습관화하고 싶은가?'라는 생각을 다시 확인합니다.

몇 달, 몇 년 후에 그 습관을 지속하고 있다면 인생이 어떻게 좋아질 것 같나요? 또 습관이 형성된다면 어떤 위험이 있을 수 있을까요? 지금 이 순간 습관화된 미래를 그렸을 때 그렇게 끌리지 않는다면 일을 무리해서 시작하기 전에 '정말 해야 할 일인지' 다시 한 번 고민해도 좋을 것입니다.

2단계: 다음은 습관을 되돌아보는 것입니다.

과거에 습관화하는 데 성공했던 일을 떠올리고 그때 어떤 점에 신경을 썼는지 생각하며 현재의 습관화 계획에 반영합니다.

연구팀은 이렇게 말합니다.

"되돌아보기는 22개의 습관화 테크닉 중 가장 뛰어난 효과를 발휘했습니다."

습관화하고자 하는 행동의 축소판을 미리 정해 두는 것도 유효했습니다. 예를 들어 헬스장에 가는 것을 습관화하고 싶다면 갈 수 없는 날에는 대신 '집에서 팔 굽혀 펴기 10번 하기' 등의 규칙을 정해 두는 것입니다. 이렇게 하면 목표를 달성하지 못한 날에 '아, 나는 망했어. 어차피 계속 못 할 거야!' 하며 포기하는 일이 줄어들 것입니다.

또한 습관화에서 가장 중요한 것은 중단했을 때 회복하는 것입니다. 저도 20년 넘게 습관화를 가르쳐 왔지만 지금도 작심삼일에 그치는 경우가 종종 있습니다. 하지만 과거의 습관화를 되돌아보면 '작심삼일이라도 10번 지속하면 습관이 된다!' 하고 마음을 고쳐먹을 수 있게 됐습니다. 여러분도 꼭 나만의 습관화 요령을 발견해 보세요.

어떤 일이 있어도
시작과 종료 시간을
철저하게 지켜라

'실천할 환경이 잘 갖춰져 있을 것.'

'습관화할 작업 자체가 너무 어렵지 않을 것.'

'해야 할 이유나 열정이 있을 것.'

좋은 습관을 들이기 위해서는 다양한 요소가 필요합니다. 하지만 최신 연구는 조금 다른 답을 제시하고 있습니다.

2015년 빅토리아대학교 연구팀은 흥미로운 연구를 발표했습니다. 연구는 피트니트 센터에 막 등록한 111명의 회원을 대상으로 진행됐습니다. 실험 참가자들은 주 4회, 1회 30분 동안 강도 높은 운동을 했습니다. 연구팀은 운동에 대한 몰입도와 운동 습관의 정착 관계에 대해 조사했습니다. 그 결과 주 4회 이상의 운동을 꾸준히 실천한 그룹은 약 6주 만에 확고한 운동 습관이 생겼다는 사실이 밝혀졌습니다.

습관은 '시작 시간'을 지켜야 한다

습관화에 성공한 회원들의 공통된 특징은 바로 '시간 일관성'에 있었습니다. 즉 '매일 아침 6시에는 규칙적으로 운동한다', '저녁 식사 후에 운동한다'처럼 한번 정한 시작 시간을 매일 지키며 지속했던 것입니다.

운동을 하다 보면 유독 컨디션이 좋은 날이 있고, 그런 날은 내일 할 운동까지 하고 싶어질 때도 있습니다. 하지만 종료 시간 역시 지키는 편이 좋습니다. 심리학자 로버트 보이스는 저명한 학자들의 글쓰기 습관을 오랫동안 연구한 결과, 다음과 같은 세 가지 사실을 발견했습니다.

첫째, 하루 집필 시간이 상당히 짧다. (10분~4시간)

둘째, 매일 꾸준히 쓴다. 단, 주말에는 충분히 쉰다.

셋째, 종료 시간이 다가오면 확실하게 마무리한다.

습관은
'종료 시간'도 지켜야 한다

여기서 가장 중요한 것은 3번입니다. 그날 할애하기로 한 시간이 다 끝나면 아무리 컨디션이 좋아도, 아무리 진행이 더뎌 조바심이 나더라도 작업을 멈추는 것입니다. 이는 단순히 습관화뿐만 아니라 일의 질과 양을 장기적으로 향상시키는 비결이라고 할 수 있습니다.

예를 들어 당신이 '매일 아침 6시부터 15분 동안 책을 읽어서 독서 습관을 들이고 싶다'고 결심했다면, 매일 아침 6시가 되면 책을 펼치고 6시 15분이 되면 책을 덮는 것입니다.

습관은 의지나 생각보다도 '실제로 어떻게 할 것인지'가 중요합니다. 저 역시 젊은 시절부터 밤 11시나 아침 6시에 타이

머를 설정해 학습 시간을 정해 두는 버릇을 들였습니다. 이런 시간 구분이 지금의 저를 만들었다고 자부합니다. 이 방법이 여러분의 습관 형성에도 큰 도움이 될 것이라 확신합니다.

아침 습관이
하루 전체를
결정한다

'아침을 지배하는 자는 하루를 지배하고, 하루를 지배하는 자는 1년을 지배하고, 1년을 지배하는 자는 일생을 지배한다.'

아침 시간을 잘 활용하면 건강과 삶의 질을 확실히 높일 수 있습니다. 다만 조금이라도 더 자고 싶은 마음 때문에 좀처럼 시간을 내기가 어렵습니다. 그런데 '아침 습관'은 대체 왜 중요한 걸까요?

아침을 어떻게 보내느냐가
그날의 생산성을 좌우한다

2011년 오하이오주립대학교의 스테파니 월크 교수는 흥미로운 연구를 발표했습니다. 그는 보험 회사의 콜센터 직원들과 협력해 하루를 시작할 때의 기분과 그날의 고객 응대 성과를 몇 주간 조사했습니다. 그 결과, 긍정적인 기분으로 하루를 시작한 직원들은 전화 응대를 보다 명료하게 진행했고, 고객을 대하는 과정에서 점점 더 기분이 좋아졌습니다.

반면 부정적인 기분으로 하루를 시작한 직원들은 기분 전환을 위해 자주 자리를 비웠고 생산성은 10퍼센트 이상 감소했습니다. 또한 하루가 끝났을 때 기분은 더 나빠져 있었습니다.

디지털 헬스케어 기업 버타 헬스(Virta Health)의 CEO 사미 인키넨은 몸과 마음의 모든 수치를 측정했습니다. 그는 '아침의 기분'이야말로 자기 자신을 알 수 있는 궁극적인 지표라고 말합니다. 또한 성공한 사람들의 하루 사용법을 취재한 케빈 크루즈는 차세대 리더를 맡을 최고 기업가 239명이 공통적으로 갖고 있던 특징으로 '훌륭한 아침 습관이 있다'는 점을 꼽았습니다. 최고의 아침을 만들기 위한 가벼운 방법들이 있다면 무엇일까요?

첫째, 아침 일찍 햇빛을 쬡니다.

햇빛은 '바이올렛 라이트'라는 짧은 파장의 가시광선을 포함하고 있습니다. 2021년 게이오대학교 연구팀은 쥐 실험을 통해 바이올렛 라이트가 뇌 기능에 직접 영향을 미치며 우울증 증상을 개선시킬 가능성을 발견했습니다. 햇빛을 쬐면 기분이 긍정적으로 변하는 것입니다. 심지어 바이올렛 라이트는 근시의 진행을 억제하는 효과도 확인됐습니다.

다만 일반적인 유리창은 이 빛을 차단하기 때문에 창문을 열거나 밖으로 나가 직접 햇빛을 쬐야 합니다. 자외선이 적은 아침 시간은 햇빛을 쬐기 가장 좋은 때입니다.

둘째, 찬물로 샤워합니다.

찬물 샤워의 목적은 '체온을 높이는 것'입니다. 우리는 일반적으로 1시간에 체중 1킬로그램당 약 5kJ의 열을 생성합니다. 그리고 주변 온도가 낮아질수록 열 생산은 증가합니다. 피부가 차가워지면 열 생산을 요구하는 정보가 피부 신경에서 척수를 통해 뇌로 전달되는 것입니다.

체온 상승은 늘 좋은 효과를 가져옵니다. 2002년 수면학자 찰스 체이슬러는 실험을 통해 섭씨 0.17도의 적은 체온 상승만으로도 작업 기억력, 반응 속도, 그리고 긍정적인 기분이 상승한다는 사실을 발견했습니다. 추워서 눈이 번쩍 뜨이는 순간 뇌도 각성되는 것입니다. 그렇다고 샤워하는 내내 찬물을 사용할 필요는 없습니다.

예를 들어 저는 샤워를 마치고 나서 종아리 부분만 30초 정도 찬물로 샤워하고 끝내는 것을 추천합니다. 종아리는 하체에 모인 혈액을 심장으로 되돌리는 펌프 역할을 하는 중요한 부위로 '제2의 심장'이라고도 불립니다. 우선은 땀을 흘린 날부터 시작해 보세요. 온탕에 몸을 담가 따뜻하게 만든 다음 샤워 마지막에 찬물을 끼얹고 끝내는 식입니다.

셋째, 감사하는 일을 적습니다.

감사는 '실제로 경험한 좋은 일을 이루게 도와준 사람이나 사물에 대해 고마움을 느끼는 상태'입니다. 실제로 체험한 것을 대상으로 한다는 점에서 긍정적 사고보다도 더 영향력이 크다고 할 수 있습니다.

2003년 캘리포니아대학교의 로버트 엠몬즈 교수에 따르면 그 주에 감사하는 일을 다섯 개 적은 참가자는 그 후 9주 동안 체력이 좋아지고 미래에 대한 전망이 낙관적이었다고 합니다. 그들은 심지어 짜증 나는 일을 적은 참가자보다 운동 시간이 1.5시간이나 더 증가했습니다.

아주 가벼운 일로
아주 극적인 변화를 일으킬 수 있다

아무리 작은 일이라도 상관없습니다. 하나라도 괜찮으니 감사하는 일을 적어 보세요. 또한 잠들기 전에 감사하는 일을 적어 하루의 시작과 끝을 감사로 채우는 것도 좋은 방법입니다.

넷째, 좋아하는 책을 읽습니다.

2009년 서섹스대학교의 인지신경심리학자 데이비드 루이스 박사가 발표한 연구 결과는 전 세계를 열광시켰습니다. 독서가 음악 감상, 커피, 산책, 게임보다 사람의 마음을 편안하게 만든다는 사실을 발표한 것입니다. 6분만 책을 읽어도 근육 긴장이 풀리고 스트레스 수준이 낮아진다고 합니다.

앞서 소개한 4가지 습관은 별로 힘이 들지도 않고, 모두 15분 이내에 끝낼 수 있는 소박한 일들입니다. 또한 이는 하루 전체의 1퍼센트에 불과한 시간입니다. 가벼운 일로도 삶에 변화를 불어넣을 수 있습니다. 당장 내일 아침에 눈을 뜬 후 창문을 열고 햇볕을 쬐어 보는 것은 어떨까요?

To-Do 리스트는
4개면
충분하다

금융 전문가 토마스 콜리는 그의 저서 《부자 습관》에서 부유층의 81퍼센트가 실천하지만 일반인은 19퍼센트만 실천하고 있는 'To-Do 리스트 만들기'를 언급합니다. 또한 To-Do 리스트를 작성하는 부유층 중 67퍼센트는 매일 리스트업한 항목의 70퍼센트를 달성하고 있다고 합니다. 그런데 이런 의견을 가진 사람도 있을지 모릅니다.

"나는 일정을 잘 기억하는 편이니까 괜찮아."

이는 다르게 말하면 '완료하지 못한 일에 대한 생각이 계속 머릿속을 차지하고 있다'라는 뜻이기도 합니다. 그 부담을 덜 수는 없을까요?

미처 끝내지 못한 일은
머릿속을 맴돌며 나를 괴롭힌다

컴퓨터도 여러 프로그램을 동시에 실행시키면 성능이 떨어집니다. 그러나 To-Do 리스트를 활용하면 해야 할 일을 애써 기억할 필요가 없고 빠뜨릴 걱정도 없습니다. 뇌 속 컴퓨터가 마음껏 힘을 발휘할 수 있는 것입니다.

또한 문제를 하나씩 해결할 때마다 성취감도 맛볼 수 있습니다. 저는 일 하나를 끝낼 때마다 그 항목을 선으로 지우거나 '참 잘했어요' 도장을 찍어 의욕과 자신감을 높입니다. 긍정적으로 일이나 학업에 몰두하기에는 최고의 도구라고 할 수 있습니다. 하지만 이런 문제도 있을 수 있습니다.

'자질구레한 일들과 즉흥적인 아이디어까지 모두 나열하다 보니 목록이 너무 길어졌어!'

To-Do 리스트가 지나치게 길어지면 오히려 부담감이 커집니다. 할 일이 많아 보이면 시작하기도 전에 지치거나 중요한 일보다 간단한 일부터 처리하려는 경향이 생길 수도 있죠. 이를 방지하려면 리스트를 작성할 때 우선순위를 정해 하루에 처리할 수 있는 양을 현실적으로 조정해야 합니다. 또한 완벽하게 모든 항목을 완료하지 못하더라도 우선 성취한 부분에 집중하며 긍정적인 피드백을 주고받는 것도 필요합니다. 중요한 것은 리스트를 통제하는 것이지, 리스트에 끌려다니는 것이 아니기 때문입니다.

앞서 소개한 자이가르닉 효과에 의하면 사람은 다 끝낸 일보다 도중에 좌절되거나 중단된 일을 더 잘 기억한다고 합니다. 결국 뇌는 달성한 일보다 미완성한 일을 더 강력하게 기억해 의욕은 점점 떨어지고 자신을 평가절하하게 됩니다.

할 일의 개수를 줄여 집중력을 높여라

인지 과학자 엘렌 폭스 박사의 실험에 따르면 사람이 한 번에 처리할 수 있는 자극은 최대 4개 정도이며 그 이상을 나열하면 뇌에 부담이 될 뿐이라고 합니다. 항목을 네 개로 추렸다면 그것이 '왜 중요한지' 이유를 적어 보세요. 자신에게, 회사에, 고객에게, 가족에게, 소중한 사람들에게 어떤 의미가 있는지를 적어 보세요.

2016년 위스콘신대학교 매디슨 캠퍼스의 자넷 시블리 하이드 박사는 의미 있는 연구 결과를 발표했습니다. 미국에서는 이공계 대학에 입학해도 성적 부진 등의 이유로 입문 과정 종료 시점에 학업을 포기하는 학생들이 적지 않습니다. 그래서 연구팀은 1,040명의 학생을 다음 지시 사항에 따라 두 그룹으로 나눴습니다.

A: 교과서의 주제가 어떻게 자신의 일상생활에 도움이 되는지, 또 자신의 인생에 어떻게 활용할 수 있을지 보고 서로 작성하게 한다.
B: 특별히 아무것도 하지 않는다.

결과적으로 A 그룹의 학생은 B 그룹의 학생보다 성적이 눈에 띄게 올랐습니다. 특히 문제였던 소수 인종 그룹 학생들과 그 외의 학생들 간의 성적 격차를 40퍼센트나 줄이는 데 성공했습니다. 대상을 '내 일'이라고 생각하는 것이 이렇게나 큰 효과를 가져오는 것입니다.

해야 하는 일을 떠올리는 것은 물론 의미 있는 행동이지만 그것만으로는 충분하지 않습니다. 그중에서 '정말 중요한 몇 가지 일'을 추려내는 과정이 필요합니다. 그리고 그 일을 해야 하는 이유와 의미를 스스로 되뇌이는 것은 더욱 중요합니다. 이렇게 하면 실제로 의미 있는 행동을 할 가능성이 커집니다.

스스로에게 질문을 던져 보세요.

"이 일이 정말 중요한가?"

"이 일을 해야 하는 이유가 무엇인가?"

"이 일이 내 목표와 어떤 연관이 있는가?"

이런 질문을 반복하다 보면 자연스럽게 해야 할 일의 우선순위가 명확해지고 진정으로 중요한 일에 집중할 수 있습니다. 또한 그 의미를 되새기는 과정에서 동기 부여가 더욱 강해질 것입니다.

습관이 자리 잡히면 체크리스트에 표시를 하는 횟수도 점점 늘어날 것입니다. 단순히 목록을 작성하고 끝나는 것이 아니라 실제로 행동에 옮기는 빈도가 높아지는 것입니다. 결국 중요한 것은 '얼마나 많은 일을 떠올렸느냐'가 아니라 '얼마나 의미 있는 행동을 실천했느냐'입니다.

잘 쉬는 사람이
일도
더 잘한다

심리학자 안데르스 에릭슨은 각 분야의 최고 선수들이 하루를 어떻게 사용하는지 연구했는데, 그들의 사이클에서 공통점을 발견할 수 있었습니다. 그들은 오전 중에 집중해서 연습을 한 다음 오후에는 기분 전환을 하고, 저녁에 다시 연습을 재개하는 흐름을 유지했습니다. 연습 사이에는 아주 중요한 루틴이 있었습니다. 바로 '휴식'입니다.

혹시 열심히 일하고는 있지만 휴식을 취하는 데에는 소홀하지 않나요? 만약 최고의 퍼포먼스를 내는 데 휴식이 꼭 필요하다면 어떨까요? 최고에 가까운 성과를 내는 사람들은 어떤 특징을 갖고 있을까요?

적절한 휴식이
장기적인 성과를 만든다

첫째, 장시간 야근하지 않습니다.

2006년 미국의 국립 수면 재단은 다음과 같은 조사 결과를 발표했습니다.

1. 무언가에 집중할 수 있는 시간은 기상 후 12~13시간이 한계다.
2. 기상 후 15시간이 경과하면, 작업 능력은 술을 마실 때와 같은 정도까지 떨어진다.

즉 아침 6시에 일어나는 사람이라면 밤 7시까지가 집중할 수 있는 한계이고, 밤 9시 이후에는 술에 취한 상태에서 일하는 것과 다를 바가 없다는 것입니다. 마이크로소프트에서는 '오후 4시 이후에는 중요한 회의를 하지 않는다'는 규칙이 철저히 지켜지고 있습니다. 그 이후에 진행되는 회의는 어차피 별 도움이 되지 않기 때문이 아닐까요?

또한 장시간 야근을 하면 정신 건강에도 좋지 않습니다. 2014년 영국의 정신 건강 재단에서 실시한 조사에 따르면 직원의 58퍼센트가 긴 노동 시간으로 인해 '툭 하면 화가 난다'고 응답했고, 34퍼센트는 '불안감을 느낀다', 27퍼센트는 '기분이 가라앉는다'고 응답했습니다. 즉 퇴근 시간에도 일이 끝나지 않는다면 야근을 하는 것보다 차라리 일을 내일로 미루는 것이 낫습니다.

둘째, 중요한 일은 아침 일찍 합니다.

누군가 이렇게 말할 수도 있습니다.

"그렇게 쉴 때 다 쉬며 일하면 할 일이 끝나지 않아요!"

그럴 때는 야근이 아닌 '미리 하기'가 도움이 됩니다 그날의 '마지막 시간(저녁)'이 아니라 '첫 시간(아침 또는 오전 중)'을 활용하는 것입니다. "뇌의 엔진이 켜지는 점심 이후가 더 좋지 않나요?"라는 의견도 있을 것입니다. 하지만 다음 연구 결과에 주목해 보세요.

2011년 스탠포드대학교의 조나단 레버브 박사 등은 이스라엘의 가석방 위원회에서 1년간 내린 1,100건 이상의 가석방 적격 심사를 분석했습니다. 그 결과, 2가지 사실이 밝혀졌습니다.

1. 오전 이른 시간에 내린 가석방 결정 비율은 평균 65퍼센트였다.
2. 하지만 퇴근 시간 직전의 가석방 결정 비율은 거의 0퍼센트였다.

같은 죄목이라도 오전 8시 50분의 결정은 통과됐으나 오후 4시 25분의 결정은 통과되지 않은 경우도 있었습니다. 이는 인간의 결정력이나 업무 수행 능력이 사회적 지위나 지능과 무관하게 시간이 지남에 따라 급격히 떨어진다는 것을 보여 줍니다. 손이 많이 가는 작업이나 머리를 써야 하는 결정은 가능한 한 아침 일찍 하는 것이 좋습니다.

셋째, 휴식도 일이라고 생각합니다.

신경학자 아담 가잘레이는 복잡한 작업에 집중할 때 뇌의 전두엽 기능이 약해진다는 사실을 밝혔습니다. 이는 인지적 피로를 발생시키고 문제 해결 능력도 저하시킵니다. 결국 아무리 좋아하는 일을 해도 좋은 결과를 얻기 힘들어집니다.

휴식 시간은
행위 자체에 의미가 있다

자전거 경주 선수 크리스 카마이클은 다음과 같이 말했습니다.

"휴식은 오히려 훈련의 일부라고 할 수 있다."

휴식 시간도 훌륭한 업무 시간이라고 생각하는 편이 좋습니다. 과거에 비해 최근에는 휴가를 길게 사용하는 것이 상대적으로 쉬워졌습니다. 반면 우리는 평일 근무 중에는 충분하게 휴식을 취하고 있지 않습니다. 하지만 정말 중요한 건 업무 사이 사이의 짧은 휴식입니다. 90분을 일한 다음에는 반드시 휴식을 취해야 합니다.

성과 관리 전문가 토니 슈워츠가 2만 명을 대상으로 진행한 조사에 따르면 90분마다 휴식을 취한 직원들의 집중력은 하루종일 30퍼센트 더 높았다고 합니다. 그러나 90분 동안 업무에 집중했다고 60분을 쉴 수는 없을 것입니다. 만약 모두에게 권장되는 쉬는 시간이 있다면 어느 정도일까요?

티미쇼아라대학교가 지난 30년간의 노동 실험을 분석한 결과 업무 중 10분 이하의 짧은 휴식이라도 취하면 에너지가 증가해 피로도가 낮아지며 행복도가 증가하는 것으로 나타났습니다. 즉 휴식은 행위 자체가 중요한 셈입니다. 아무리 짧은 시간이라도 제대로 휴식 시간을 가져야 다시 일에 집중할 수 있습니다.

그렇다면 휴식 시간에 무엇을 하면 좋을까요? 2017년 일리노이대학교의 연구에 따르면, 피로감과 스트레스를 완화하는 휴식 방법으로 '이완(멍하니 있거나 스트레칭하기)' 또는 '사교(동료들과 잡담 나누기)'가 효과적이라는 사실이 밝혀졌습니다.

반면 간식은 효과가 적고, 인지 활동(스마트폰 사용 등)은 오히려 뇌에 부담을 줘 피로감을 증가시킨다고 합니다. 즉 휴식 중에는 스크린을 멀리하고 가까운 사람과 소소한 대화를 나누거나 심호흡을 하며 여유로운 시간을 보내는 것이 가장 좋습니다.

방해 요소는
시야에서
완전히 치워라

    스마트폰은 우리가 살아가는 데 꼭 필요한 물건이 됐습니다. 하지만 스마트폰이 몸과 정신에 미치는 영향을 간과할 수는 없습니다. 스마트폰이 수면 장애, 우울증, 대인 불안, 눈의 피로감, 두통, 남성 불임 등 다양한 질병의 원인이 될 수 있다는 사실이 밝혀졌기 때문입니다. 하지만 가장 큰 문제는 스마트폰에서 눈을 떼지 못해 생기는 인생의 기회 손실 그 자체입니다.

유선 전화를 사용하던 시절, 전화는 전화벨이 울리면 받는 것이었습니다. 즉 전화가 오기 전까지는 전화기를 전혀 신경 쓰지 않았습니다. 하지만 스마트폰은 다릅니다. 전화나 알림과 관계없이 자신도 모르게 화면을 들여다보게 됩니다. 침대에서도, 화장실에서도, 식사 중에도, 심지어 다른 사람과 대화를 나눌 때에도 말이죠. 이러한 현상을 '노모포비아(휴대전화를 손에서 놓지 못하는 공포증)'라고 부릅니다.

특히 무엇이든 쉽게 모방하는 어린이들에게 미치는 영향 역시 간과할 수 없습니다. 시험이나 스포츠에서 좋은 성적을 거둬 보상으로 스마트폰을 사 준 후 스마트폰을 끝없이 사용해 성적이 다시 내려가거나, 결국 학교에 가지 않게 않게 됐다는 이야기도 종종 들립니다.

사실 기술의 선구자들 대부분은 자녀의 스마트폰 사용 방식을 엄격하게 가르친다고 합니다. 스티브 잡스는 자녀들에게 자사의 아이패드를 사용하지 못하게 했다고 공개적으로 밝혔습니다. 또한 빌 게이츠 역시 자녀가 14살이 될 때까지 스마트폰을 사용하지 못하게 했습니다.

스마트폰 사용을 멈출 수 없다면
손에 잡는 시간을 줄이자

스마트폰은 컴퓨터와 달리 부팅하는 과정이 필요하지 않습니다. 잠금 버튼을 살짝 누르기만 해도 정보가 곧바로 쏟아져 들어옵니다. 그래서 스마트폰 사용을 줄이기 위해서는 의도적으로 자신만의 장애물을 설정해 덜 만지고 덜 보게 만드는 것이 중요합니다. '마이크로 바운더리(작은 경계선)'를 세우는 것입니다.

1. 낮은 데이터 용량, 느린 데이터 속도 요금제 사용하기.
2. 잠금 해제 비밀번호를 복잡하게 조합하기.
3. 집중하고 싶을 때는 책상에 두지 말고 다른 방에 두기.

특히 가장 실천하기 쉬운 방법은 3번일 것입니다. 이 방법들은 엄청 대단하다고 할 수 있는 방법들은 아니지만 이런 사소한 차이가 마음을 안정시키고 집중력을 높여 줍니다. 그리고 이런 상태가 적응이 된다면 더 나아가 본질적인 부분에 더 집중할 수 있습니다.

우리가 스마트폰에 의존하는
진짜 이유

스탠퍼드 온라인 고등학교 교장 호시토모 케이는 우리가 스마트폰에 의존하는 가장 큰 이유로 스마트폰이 마음의 세 가지 욕구를 충족시키기 때문이라고 말했습니다.

첫째, 다른 사람과 연결되고 싶은 관계성.

둘째, 무언가를 성취하고 싶은 유능감.

셋째, 강요 없이 스스로 결정하고 싶은 자율성.

정말 스마트폰과 적당한 거리를 두고 싶다면 마음의 3가지 욕구를 실제 삶에서 충족시킬 필요가 있습니다. 이는 결코 어려운 일이 아닙니다. 예를 들어 집안일을 돕거나 친구와 함께 외출하거나 무언가를 만드는 것만으로도 충분합니다.

저는 강연과 세미나에서 함께 몸을 사용하는 실습을 할 때가 많은데, "이렇게 긴 시간 동안 스마트폰이 전혀 생각나지 않았던 건 처음이에요!"라는 후기를 자주 듣습니다. 실제로 다른 사람과 교류하는 데 시간을 보내는 것은 스마트폰 의존을 해결하는 가장 효과적인 방법입니다. 저도 SNS를 시작하고 나서 스마트폰을 보는 시간이 분명 늘어났습니다. 하지만 그 이상으로 SNS의 사람들과 실제로 만나 함께 일을 하는 시간도 늘어났습니다.

스마트폰은 여러분의 시간과 기회를 확장해 주는 유용한 물건입니다. 부디 스마트폰을 도구로 활용하되 스마트폰의 도구가 되지 않는 삶을 살기를 바랍니다.

결국 기억에는 마지막 30초가 남는다

밤은 누구에게나 피곤한 시간입니다. 하지만 행복하고 또 성공적인 삶을 살기 위해서는 밤에 어떤 행동을 하느냐가 결정적이라고도 말할 수 있습니다.

이런 속담이 있습니다.

"마무리가 좋으면 모든 것이 좋다."

사실 이는 과학적으로도 맞는 말입니다.

좋은 마무리가
더 나은 시작을 만든다

노벨 경제학상을 수상한 다니엘 카너먼 교수는 1993년에 연구 결과를 발표했습니다. 참가자들은 순서대로 다음과 같은 행동을 했습니다.

1회차: 섭씨 14도의 찬물에 60초간 손을 담근다.

2회차: 섭씨 14도의 찬물에 60초간 손을 담근 후 섭씨 15도의 찬물에 30초간 손을 담근다.

3회차: 참가자는 1회차와 2회차 중 하나를 자유롭게 선택할 수 있다.

시간이 짧은 1회차 조건이 더 좋아 보입니다. 그러나 참가자의 80퍼센트가 2회차의 조건을 선택했습니다. 추가된 30초 동안 손을 담가 조금이나마 따뜻해진 것만으로도 '이쪽이 더 좋다'고 판단한 것입니다. 즉 어떤 경험의 마지막 인상이 그 경험 전체에 대한 인상을 만듭니다. 카너먼 교수가 '피크 엔드 법칙(Peak-End Rule)'이라고 명명한 이 법칙은 여러 분야에서 응용되고 있습니다.

이 법칙은 우리의 인생에도 적용할 수 있습니다. 아무리 힘든 날이라도 잠자리에 들기 전 좋은 감정을 느끼면 '좋은 하루였다'고 생각할 수 있습니다. 이를 매일 밤 반복하면 결국 '좋은 인생이었다' 하고 기억할 수 있게 될 것입니다.

하지만 '매일 행복을 느끼는 것이 과연 가능할까?'라는 의구심이 들 수도 있습니다. 좋은 일이 하나도 없다고 느끼는 날도 있겠죠. 그러나 이런 생각에는 행복이 '무언가를 성취했을 때 비로소 느낄 수 있는 것'이라는 가정이 담겨 있습니다.

2011년 행동 경제학자 폴 돌란의 조사에 따르면 '즉시 행복해지는 약(부작용이 없다는 가정)이 있다면 먹을 것인가?'라는 질문에 75퍼센트 이상의 응답자가 '먹지 않겠다'고 답했습니다. '약을 먹자마자 행복해지는 것은 부자연스럽다'고 생각했기 때문입니다.

무엇이 우리의 생각을 이렇게 만드는 걸까요? 쉽게 행복해지는 방법이 있다면 어딘가 함정이 있는 걸까요?

만약 즉시 행복해질 수 있다면 우리는 더는 행동할 이유가 없어집니다. 결국 그렇게 계속 멍하니 있으면 급변하는 상황에 대처할 수 없습니다. 그래서 우리의 뇌는 일부러 행복을 느끼기 어렵게 만들어 항상 문제 해결에 집중하는 상태를 유지하려는 것입니다. 하지만 이런 생각은 버려야 합니다. 왜냐하면 실제로는 행복한 사람일수록 문제를 더 잘 해결하기 때문입니다.

긍정 심리학의 권위자 소니아 리우보미르스키 교수에 따르면 행복한 사람들은 늘 긍정적이고 적극적인 감정을 느끼기 때문에 새로운 도전에 열려 있고, 또 실제로 그것에 도전할 힘이 있다고 합니다. 또한 낙관적이고 사교적이기 때문에 다른 사람의 응원을 받을 확률도 높아지며 결과적으로 문제가 잘 해결된 후 많은 것을 얻게 됩니다. 그는 이렇게 말합니다.

"행복한 사람은 그렇지 않은 사람보다 더 충실한 결혼 생활, 원만한 인간 관계, 높은 수입, 뛰어난 업무 성과, 지역 사회에 대한 기여, 신체 및 정신 건강, 그리고 장수할 가능성이 높습니다."

하버드대학교에서 행복학을 가르치는 션 에이커 박사에 따르면 행복하고 긍정적인 직원들은 그렇지 않은 직원들보다

30퍼센트 높은 매출을 올리고 이혼율과 의료비 부담은 30퍼센트 더 낮다고 합니다. 성취했기 때문에 행복한 것이 아니라 행복한 상태에 있기 때문에 성취할 수 있는 것입니다.

이는 정말 중요한 원칙입니다. 우리는 그 무엇도 기다릴 필요가 없습니다. 지금 바로 행복해지면 일도 인간 관계도 우리가 원하는 방향으로 쉽게 이끌어 갈 수 있습니다.

잠들기 전의 행복 습관
세이버링 리스트

심리학자 프레드 브라이언트는 행복도가 아주 높은 사람들은 긍정적인 경험을 깊게 만끽하는 능력이 높다는 사실을 발견했습니다. 우리는 종종 '지금 내게 없는 것'을 갈망합니다. 하지만 앞서 설명했듯 행복은 '무언가 부족한 것'을 손에 넣는 것에서 생기는 것이 아닙니다. 행복은 '지금 내게 있는 것'을 확실하게 충족해야 느낄 수 있는 감정입니다.

이를 위한 가장 간단한 방법이 '세이버링 리스트(Savoring List, 만끽 리스트)입니다. 행복했던 순간들을 기록해 두고 잠자리에 들기 전 그중 하나를 다시 만끽하는 것입니다. 제 리스트의 일부를 소개해 보겠습니다.

1. 어렸을 적 가족과 함께한 여행.
2. 중학교 시절 푹 빠져 있던 탁구.
3. 대학 입시에 합격한 날.
4. 첫 번째 책이 진보초에 위치한 서점에 진열된 것을 발견했을 때.
5. 능력 개발 회사에 근무하던 시절 최고로 만족스러운 강연을 했던 날.
6. 존경하는 멘토이자 절친한 친구 혼다 켄 씨와 즐거운 이벤트를 했던 날.
7. 신혼 여행을 떠난 뉴질랜드에서 했던 크루즈 여행.
8. 두 아들이 태어난 날.
9. 동료 강사들과 함께 기획한 에게 해 크루징.
10. 회사 30주년 파티에서 많은 친구에게 축하받은 기억.

정말 지치고 힘든 날에도 행복했던 순간들을 떠올리면 마음이 편안해지고 '나는 정말 행복한 사람이구나' 하고 생각하게 됩니다.

또한 리스트는 자주 업데이트하는 것이 좋습니다. '감사하고 싶은 일', '처음 경험하고 놀랐던 일', '결과와 관계없이 노력했던 일' 등 당신이 '이건 정말 좋았다'고 느낀 것들을 계속 리스트에 추가해 보세요.

만끽할 대상은 당연히 많을수록 좋습니다. 부디 행복한 상태로 잠들고 행복한 상태로 눈을 뜨는 매일을 보내시길 바랍니다.

시간 지도의 이정표 4

시간을 내 편으로 만드는 습관화의 비결은?

✗ 정해진 기간 동안 반복해서 행동한다.

○ 과거의 습관을 돌아보고 이를 기반으로 새로운 습관을 정립한다.

습관을 실행할 때 가장 중요한 것은?

✗ 컨디션에 따라 유연하게 수행한다.

○ 시작 시간과 종료 시간을 지키는 규칙성을 유지한다.

하루의 질을 결정짓는 핵심 요소는?

✗ 그날 만난 사람의 성격에 좌우된다.

○ 하루를 시작할 때의 기분과 태도에 좌우된다.

To-Do 리스트를 작성할 때 꼭 기억해야 할 점은?

✗ 생각나는 모든 일을 리스트에 적는다.

○ 최대 4개의 중요한 항목으로 압축해 집중한다.

퍼포먼스를 높이기 위한 좋은 습관은?

✗ 휴식 없이 일에 몰두하는 것이 낫다.

○ 휴식을 일의 일부로 받아들이고 계획적으로 쉬는 것이 중요하다.

스마트폰 사용 시간을 줄이려면 어떻게 해야 할까?

✕ 필수적인 기능만 사용하도록 노력한다.

○ 스마트폰을 다른 방에 두고 물리적으로 차단한다.

잠들기 전 침대에서 하면 좋을 습관이 있다면?

✕ 낮 동안의 일을 반성한다.

○ 행복을 음미하고 긍정적인 감정을 느낀다.

5장

원하는 것이
이뤄지는
시간 축적

달성

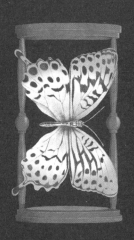

성장은
작은 정리정돈에서
시작된다

"미루는 습관을 고치고 싶어요!"

"바로 행동할 수 있는 사람이 되고 싶어요!"

이런 이야기를 종종 듣곤 합니다. 생산성이나 효율성을 높이는 요령에 관한 영상이나 책에서 자주 다루는 인기 있는 주제이기도 하죠. 그런데 우리는 어떤 일을 하기 전에 괜히 주변을 청소하거나 책상을 치우는 등 쓸데없어 보이는 일에 괜히 시간과 신경을 쓰곤 합니다. 대체 왜 그런 것일까요?

환경을 정돈하면
사고도 정리된다

사람은 정답을 찾기 위해 머리를 많이 써야 하는 문제에 직면하면 결정을 다음 기회로 미루는 경향이 있습니다. 심리학자 조세프 R. 페라리 박사에 의하면 전 세계 20~25퍼센트 사람들이 해야 할 일을 필요 이상으로 미루고 있다고 합니다. 미루기의 원인으로 자주 언급되는 것에는 '미성숙한 자기 관리', '불안이나 두려움', '완벽주의에 빠져 불완전한 상태를 두려워하고 행동을 늦추는 것' 등이 있습니다. 하지만 페라리 박사의 2018년 조사 결과는 아주 의외의 원인을 지목합니다.

행동을 미루는 것은 그 사람의 특성이나 성격보다 그 사람의 생활 공간에 물건이 많거나 어질러져 있는 것에 큰 영향을 받는다고 합니다. 2년 후의 조사에서는 이 현상이 직장에서도 동일하게 일어난다는 사실이 밝혀졌습니다.

인간은 사회적 동물이고 뇌는 우리 예상보다 깨끗한 것을 좋아합니다. 그리고 우리가 보는 물리적인 환경은 상상 이상으로 우리의 인지, 감정, 행동에 많은 영향을 미칩니다.

2011년 프린스턴대학교 뇌과학연구소의 뇌 영상 연구에 따르면 우리의 뇌는 질서를 좋아해 무질서한 공간에 지속적으로 노출되면 인지 능력이 눈에 띄게 떨어진다고 합니다. 즉 어질러진 공간에 있으면 의식하지 못하는 사이에 집중력과 의욕이 저하됩니다. 에너지는 점점 사라지고, 중요한 의사 결정에 직면하면 귀찮음을 느껴 '나중에 하자'며 미루게 되는 것입니다.

미루지 않으려면
정리부터 시작하라

시험 전이나 업무 마감 전 갑자기 청소가 하고 싶어지는 마음은 어쩌면 뇌에서 '이대로는 안 돼!' 하며 보낸 긴급한 명령일지도 모릅니다. 또한 미리 청소를 하면 바쁠 때 물건을 찾는 데 걸리는 시간을 줄일 수 있는 장점도 있습니다.

2012년 IT 전문 조사 회사 IDC가 일본을 포함한 6개국의 엔지니어들을 대상으로 조사한 결과 업무 중 필요한 자료를 찾는 데 주당 무려 평균 11시간이나 낭비하고 있다는 사실이 밝혀지기도 했습니다.

저는 집 청소를 정리 정돈 전문가에게 맡길 때가 많습니다.

전문가들은 의뢰인의 사정을 고려해 버려야 할 것들을 잘 알려 줍니다. 본인이 청소를 잘하더라도 정리 정돈 전문가에게 한번 의뢰해 보는 것을 추천합니다. 우선은 눈에 보이는 공간만이라도 깔끔하게 정리해 보세요. '즉시 행동할 수 있는 힘'은 바로 거기서부터 시작됩니다.

시간은
성장할수록
더 빠르게 흐른다

심리학의 창시자 윌리엄 제임스는 저서 《심리학 원리》에 이런 문장을 남겼습니다.

"나이가 들면 같은 시간이 짧게 느껴진다."

초등학교 6년은 아주 길게 느껴지지만 어른이 되고 난 후의 6년은 순식간에 지나갔다고 느낀 경험이 누구나 있을 것입니다. 프랑스 철학자 폴 자네도 같은 시기에 "인생의 어느 시기에 느끼는 시간의 길이는 나이의 역수에 비례한다"라는 '자네의 법칙'을 제창했습니다. 이런 현상은 어째서 일어나고, 만약 인생을 더 길게 느낄 수 있는 방법이 있다면 무엇일까요?

기억에 남는 시간은
길게 느껴진다

자네는 이를 "나이가 들수록 인생에서 '1년'의 비율이 작아지기 때문"이라고 말합니다. 예를 들어 다섯 살 아이에게 1년은 인생의 5분의 1(20퍼센트)이지만, 50살 중년에게 1년은 인생의 50분의 1(2퍼센트)입니다. 그래서 50살의 1년은 다섯 살의 1년에 비해 10배 빠르게 지나가는 것처럼 느껴진다는 가설입니다.

듀크대학교의 에이드리언 베잔은 물리학과 생물학의 관점에서 이 현상에 대한 해설을 발표했습니다. 나이가 들면 뇌의 신경 세포 네트워크는 더욱 복잡해집니다. 신호를 처리하는 데 시간이 더 걸리고, 1초당 처리할 수 있는 이미지 수가 줄어들죠. 그래서 시간이 더 빠르게 지나가는 것처럼 느껴지는 것입니다. 하지만 이런 경우도 있습니다.

1. 여행 중 보낸 즐거운 하루는 순식간에 지나간 것처럼 느껴진다. 하지만 나중에 돌이켜보면 이런저런 추억이 떠오른다.

2. 병에 걸려 누워 있거나 단순한 일을 할 때는 시간이 잘 가지 않는다. 하지만 나중에 돌이켜 보면 대부분이 기억에 남아 있지 않고 시간이 순식간에 지나간 것처럼 느껴진다.

　사건에 대한 기억이 많이 남아 있을수록 사건이 더 길게 지속된 것처럼 느껴집니다. 《어떻게 시간을 지배할 것인가》의 저자 클라우디아 해먼드는 이런 현상을 '휴가 역설'로 명명했습니다.

　보통 지난 15일간 기억할 수 있는 새로운 사건은 6~9개라고 하는데, 여행 중에는 이 정도 규모를 하루에 모두 경험할 때도 있습니다. 그래서 여행 중에는 훨씬 많은 기억이 생기기 때문에 시간이 더 길게 느껴지는 것입니다. 여행을 끝내고 집으로 돌아왔을 때 아주 오랫동안 집을 비웠던 것처럼 느껴지는 이유도 바로 이 때문입니다. 해먼드는 이렇게 말합니다.

"시간에 관한 수수께끼를 풀려면 생활이 단조로운지 다채로운지를 보면 된다."

하루를 더 길게 쓰고 싶다면
남을 위해 시간을 써라

시간을 오래 음미하며 추억이 짙은 날들을 보내고 싶다면 새로운 경험에 끊임없이 도전하면 됩니다. 아무리 나이가 들어도 말이죠. 하지만 인간은 누구나 익숙한 일을 하려고 합니다. 새로운 일을 앞두면 '안 그래도 시간이 부족한데…'라는 생각이 떠오르는 것도 자연스러운 과정입니다. 그러나 꼭 그렇지만은 않습니다.

2012년 하버드대학교의 마이클 노턴과 동료들은 136명의 학생을 두 그룹으로 나눠 고등학생을 지원하기 위한 자료 편집을 의뢰했습니다.

A: 실제로 자료 편집을 할 수 있는 시간으로 15분을 제공받았다.

B: '작업이 예정보다 빨리 끝났다'고 통보받고 시간을 자유

롭게 사용했다.

A 그룹은 작업이 면제돼 같은 양의 '무료' 시간을 제공받은 B 그룹에 비해 1.7배 더 '시간을 좋게 사용한 것 같다'고 응답했습니다. 또한 후속 과제에도 더 많은 시간을 들인 것으로 나타났습니다.

타인에게 시간을 제공하면 '나는 누군가에게 도움을 줄 수 있는 존재다', '나는 가치 있는 존재다'라는 자기 효력감이 생깁니다. '시간은 얼마든지 있어, 나한테 맡겨 줘'라는 생각 덕분에 평소에 느끼는 시간에 대한 제약을 의식하지 않게 되는 것입니다.

사람은 나이가 들수록 삶의 의미를 더욱 고민하게 됩니다. 남은 시간이 줄어든다는 사실을 깨닫는 순간 자신의 삶을 되돌아보게 되고, 앞으로 어떻게 살아야 할지 고민이 깊어지죠. 하지만 중요한 것은 고민에 갇히는 것이 아니라 타인과 연결되며 자신의 존재 가치를 확인하는 것입니다. 내 시간이 누군가에게 도움이 될 때, 내 삶도 더욱 의미 있게 빛날 것입니다.

어려운 시기일수록, 고민이 깊어질수록 더더욱 세상과 연결돼야 합니다. 작은 선의라도 실천하는 순간 공허함이 사그라들고 충만함이 그 자리를 채웁니다. 그렇게 타인을 위한 시간은 결국 나 자신을 위한 시간으로 천천히 바뀔 것입니다.

지루한 시간 속에
성장의
열쇠가 있다

사람들은 지루함을 싫어합니다. 시간이 없는 것도 힘들지만 시간은 있는데 할 일이 없는 것은 그보다 더 괴롭습니다. 지루함에서도 얻을 게 있다면 무엇이 있을까요?

"지루함은 모든 악의 근원이다."
"위대한 일을 성공시키기 위해서는 지루함이 필요하다."

실존주의 철학자 쇠렌 키르케고르와 프리드리히 니체는 지루함을 서로 다르게 묘사했습니다. 반면 동양에서는 지루함을 매우 긍정적으로 받아들여 자기 관찰이나 명상으로 이끌어 왔습니다. 여러분은 지루함을 부정적으로만 느끼고 있지는 않으신가요?

지루함에는
무한한 가능성이 숨어 있다

2016년 하버드대학교의 팀 로마스는 지루함에 대한 매우 긍정적인 체험을 발표했습니다. 그가 실험 장소로 정한 곳은 장거리 운항을 하는 비행기 안이었습니다. 그는 싱가포르에서 영국으로 가는 13시간의 여행 중 '정말 아무것도 할 수 없는 1시간'을 활용해 끊임없이 스스로에 대해 관찰하고 기록했습니다.

첫째, 시간 지각의 변화.

로마스는 1시간 동안 시간이 빠르게 지나가는 듯한 감각과 멈춰 있는 듯한 감각을 번갈아 체험했습니다. 어느 순간에는 갑자기 어렸을 적 입었던 빨간 바지를 떠올리며 향수를 느끼기도 했습니다. 다양한 감정을 체험한 다음에는 결국 자신의 인생에 긍정적인 감정을 갖게 됐습니다.

둘째, 주변 세계에 대한 호기심.

시간이 흐를수록 이미 6시간씩이나 보고 있는 비행기 안 풍경이 점점 흥미롭게 보이기 시작했습니다. 동시에 자신이 그동안 주변 세계에 대해 너무 관심을 갖지 않았다는 사실을 깨닫고 놀랐습니다.

셋째, 자기 탐구.

1시간 동안 '나는 누구인가?'라는 정체성에 대한 질문이 여러 번 떠올랐습니다. 지금 하고 있는 일을 생각하자 '물고기를 잡기 위해 넓은 바다를 바라본다'는 이미지가 떠올랐고, 또한 그 일에서 보람을 느꼈습니다. 결국 '내 몸은 지금 이 순간 존재하고 있다!'는 강한 감각에 사로잡혔습니다.

실험을 끝낸 후 로마스는 다음과 같이 말했습니다.

"지루함은 가치와 가능성으로 가득 찬, 풍부하고 역동적인 상태일지도 모릅니다."

지루함에서 발견한
세 가지 독특한 특징

지루할 때 사람의 뇌는 무작위로 생각을 떠올리며 '기본 모드 네트워크'가 활성화됩니다. 이는 멍을 때릴 때 작동하는 뇌의 네트워크로, 새로운 아이디어를 떠올리거나 기존의 정보를 재조합하는 데 중요한 역할을 합니다. 예를 들면 구슬 꿰기 같은 반복적인 단순 작업을 한 참가자들이 창의적 사고를 평가하는 실험에서 더 독창적인 아이디어를 냈다는 연구도 있습니다.

우리는 지루함을 피하고 싶어 하지만, 지루함은 있는 그대로의 나 자신을 대면할 기회를 제공합니다. 어떤 일의 임계점에 다다르려면 반복을 견뎌 내야 합니다. 반복은 지루할 수 있으나 몰입을 만들고, 몰입은 우리가 더 나은 사람이 될 수 있는 발판을 만들어 줍니다.

'할 일이 없다'는 것은 모든 것으로부터 해방돼 자유롭게 사고와 행동을 어디로든 향하게 하는 매우 호화로운 시간이 될 수 있습니다. 아무것도 하지 않는 것을 마음껏 즐겨 보세요. 그 과정에서 눈에 들어온 것이나 느낀 점을 천천히 체험해 보세요. 바쁜 일상 속에서 잊고 있던 세계, 인생, 자기 자신에 대한 신선한 감각을 떠올릴 수 있을 것입니다.

타인을 성장시키면
나도 함께
성장한다

"지금보다 더 행복해지고 싶지 않나요?"

아마 모든 사람이 '그렇다'고 대답할 것입니다. 그렇다면 여러분은 '행복해지는 방법'을 알고 있나요? 일상을 즐기는 방법은 쉽게 떠올릴 수 있겠지만 행복해지는 방법은 그것과 조금 다를 수 있습니다. 하버드대학교 심리학자 다니엘 길버트는 이렇게 말했습니다.

"행복으로 가는 길이 불분명한 이유 중 하나는 사람들이 어떻게 해야 행복해질 수 있는지 스스로 알고 있다고 믿기 때문입니다."

행복으로 가는 길에 정답이 있을까요? 현대 심리학은 바로 이 부분을 주목합니다. 다른 사람을 생각하고 그 사람을 위해 하는 행동, 즉 '향사회적' 행동이 바로 그것입니다.

남에게 베풀면
즉시 행복해진다

"다른 사람의 행복을 위해 행동하면 나는 더 행복해질 수 있다."

내가 누군가에게 무언가를 해 주거나 베풀면 상대는 기쁘고 즐거울 것입니다. 그러나 많은 연구는 주는 사람 역시 '쾌락'이라고 부를 수 있을 정도의 행복을 느낀다는 사실을 밝혀냈습니다. 사랑하는 사람을 위해 행동하다 자연스럽게 그런 감정을 느껴 본 적이 있을 것입니다.

다른 사람에게 돈을 주는 상황을 가정해 봅시다. 누구나 자신의 돈을 소중하게 여기기 때문에 쉽게 내주고 싶지는 않을 것입니다.

2008년 브리티시콜롬비아대학교의 엘리자베스 던 박사 등은 훌륭한 연구를 발표했습니다. 그들은 46명의 참가자에게 아침에 5달러 또는 20달러가 든 봉투를 전달하고 두 가지 중 하나를 지시했습니다.

A: 자신을 위해 사용하기.
"청구서 결제나 자신을 위한 선물을 사는 데 사용하세요."

B: 다른 사람을 위해 사용하기.
"누군가에게 선물하거나 기부하는 데 사용하세요."

연구팀은 그날 저녁 참가자 전원에게 전화를 걸어 지금 어떤 감정을 느끼고 있는지 물었습니다. 그 결과 5달러를 받았든 20달러를 받았든 다른 사람을 위해 돈을 사용한 B 그룹이 자신을 위해 돈을 사용한 A 그룹보다 더 큰 행복감을 느꼈다고 답했습니다.

무엇을 베풀 것인지 정하면
더 큰 행복감이 생긴다

다른 사람에게 무언가를 주는 것은 생각보다 어려운 일입니다. 내가 기대한 것만큼 상대방이 기뻐하지 않으면 설령 100퍼센트 선의의 감정에서 출발한 행동도 충격으로 다가올 수 있습니다. 하지만 충격을 줄이는 방법 역시 존재합니다.

2014년 스탠퍼드대학교 사회 심리학자 제니퍼 아커는 멋진 연구를 발표했습니다. 연구팀은 543명의 참가자에게 '누군가를 위해서 한 행동'과 '그로 인해 얻은 행복감'을 조사했습니다. 그 결과 다른 사람에게 무언가를 줄 때 행위의 목표가 구체적일수록 행복감을 더 쉽게 느낀다는 사실을 알 수 있었습니다. 행동하기 전에 느끼는 기대감과 실제 결과 사이의 격차가 줄어들어 실망할 일이 줄어들기 때문입니다.

예를 들어 골수 이식에 관한 실험에서 참가자들은 다음의 두 가지 목표 중 하나를 세웠습니다.

A: 자신의 골수를 기증할지 말지 고민하기.
B: 기증자를 찾는 데 도움 주기.

결과적으로 더 구체적인 목표를 세운 B 그룹이 더 큰 행복을 느꼈습니다. 다른 사람에게 무언가를 주겠다는 목표는 종종 '세상을 더 좋은 곳으로 만들겠다', '모든 사람을 행복하게 해 주겠다' 같은 막연한 다짐으로 끝나기 쉽습니다. 이를 현실적으로 행동으로 옮기려면 구체적인 장면을 떠올릴 수 있어야 합니다.

실제로 상대방에게 무언가를 해 주는 장면이 또렷하게 그려질수록 더 구체적인 목표를 설정하면 좋습니다. 예를 들어 '○○ 씨와 저녁에 쇼핑하기'처럼 언제, 누구와, 어떤 방식으로 등이 담겨 목표가 구체적이면 더 효과적입니다. 행복은 결국 막연한 다짐이 아니라 작은 실천에서 시작됩니다. 내가 할 수 있는 한 걸음을 먼저 정하고 그걸 실천하는 것이야말로 지속적인 행복을 만드는 핵심입니다.

저는 동료들과 함께 캄보디아에 학교를 지은 적 있습니다. 현지에 가서 그들을 직접 만나기 전 축구공과 문구류 등을 선물로 가져갔습니다. 그리고 '꿈을 이루려면 이렇게 하는 것이 좋다'는 내용이 담긴 간단한 연설도 했습니다. 또한 교환 학생 세 명을 각각 다른 시기에 홈스테이로 저희 집에 머물게

했습니다. 그 기쁨은 이루 다 표현할 수 없었습니다. 그냥 기부만 하는 것이 더 간편하겠지만 결국 구체적이고 직접적인 베풂은 더 즐겁고 기억에 오래 남는 교류로 기억됩니다.

신체의 변화는 휴식으로, 정신의 부담은 기대감으로

'월요병'에 걸린 직장인이나 학생이 많습니다. 하지만 논리적으로 따져 보면 토요일과 일요일 이틀이나 쉬었기 때문에 월요일은 신체적으로나 정신적으로 가장 충전이 잘된 상태일 것입니다. 그런데 왜 월요일이 되면 우울해지는 걸까요?

2021년 하이파대학교의 샤니 핀데크와 연구진은 139명의 직장인을 대상으로 토요일과 일요일에 휴식을 취한 후 평일에 일에 대해 느끼는 감정의 리듬을 연구했습니다.

그 결과 충분히 휴식을 취했음에도 월요일에는 일에 대한 만족도가 가장 낮았고, '직장에서의 제약, 불안', '충족되지 않은 느낌'이나 '인간관계에서 느끼는 짜증'에 가장 민감하게 반응한다는 사실을 발견했습니다. 피로가 쌓인 목요일이나 금요일에 이런 감정을 느끼는 게 더 일반적이지 않을까요? 연구팀은 이 현상의 원인을 '자원 배분' 문제로 설명합니다.

월요일은 다음 휴일까지 가장 먼 날입니다. 불쾌한 일이 일어났을 때 휴식을 보낼 기회까지 가장 오래 기다려야 하기 때문에 오히려 더 많은 스트레스를 느끼게 되는 것입니다. 반면 목요일이나 금요일이 되면 불쾌한 일이 있어도 곧바로 휴식을 취해 회복할 수 있기 때문에 스트레스를 더 적게 느끼게 됩니다.

스트레스의 원인에 따라
다른 처방을 내려야 한다

연구팀은 다음의 두 가지를 기업에 제안했습니다.

1. 웰니스 프로그램이나이나 치유를 위한 복리후생은 한

주가 시작될 때 하는 것이 좋다.

2. 새로운 규칙 발표나 부담이 큰 업무 의뢰는 한 주가 끝 날 때 하는 것이 좋다.

신체의 부담은 휴식을 취하면 줄어들지만, 정신의 부담은 휴식에 대한 기대감, 즉 설렘으로 줄어듭니다. 지금 내가 느끼는 스트레스의 원인을 찾았을 때 어떤 방법으로 이를 해결할지 선택하는 것도 중요한 것입니다.

실패 직후가
최고의
성장 기회다

'왜 더 공부하지 않았을까?'

'다음에는 꼭 제대로 해야지.'

시험에서 원하는 성적을 받지 못한 경험은 누구나 있을 것입니다. 그러나 이를 후회하고 반성한다고 해도 어느 정도 시간이 지나면 그때 다짐했던 단단했던 마음이 어느새 무뎌져 시험을 앞두고 다시 초조함을 느끼곤 합니다.

반성은 고통스럽지만
동기 부여가 된다

2017년 일리노이대학교 연구팀은 매우 의미 있는 연구 결과를 발표했습니다. 같은 대학의 영양학 수업을 듣고 있는 학생 79명은 시험이 끝난 직후 다음 질문에 답했습니다.

질문 1: 시험을 보기 전 어떤 준비를 했나요?

질문 2: 가장 어려웠던 문제 유형은 무엇이었나요?

질문 3: 다음 시험 때까지 학습 습관을 어떻게 변화시킬 생각인가요?

자기 평가와 개선 방안 작성 외에도 "며칠 전부터 공부를 시작했나요?", "몇 시간 공부했나요?" 등을 묻는 항목도 있었습니다. 또한 두 번째와 세 번째 조사에서는 자신의 학습 전략을 자유롭게 되돌아보는 항목도 있었습니다. 연구 결과는 어땠을까요?

첫째, 학력이 중간 정도인 학생의 성적이 특히 많이 올랐습니다.

시험 때마다 학습 전략을 되돌아보게 했을 때 가장 성적이 많이 오른 그룹은 A부터 C까지 3단계의 학력 수준 가운데 중간에 해당하는 B 그룹이었습니다.

둘째, 시험의 평균 점수가 낮은 학생일수록 자신의 성적을 과대 평가했습니다.

반대로 평균 점수가 높은 학생들은 자신의 성적을 과소 평가했습니다. 이처럼 어떤 과제를 잘 못 하는 사람일수록 자신이 다른 사람보다 우수하다고 생각하고, 잘하는 사람일수록 자신이 다른 사람보다 부족하다고 생각하는 현상을 '더닝 크루거 효과'라고 부릅니다. 배움의 초기 단계에서 느끼는 '뭔가 알 것 같은 기분'이 원인이 되는 것입니다.

셋째, 시험 준비를 일찍 시작해 공부 시간이 늘어났습니다.

실제로 85퍼센트의 학생이 공부 시간을 늘렸다고 응답했습니다. 특히 시험 1주일 이상 전부터 준비하는 학생의 비율은 두 번째 시험에서는 3배, 세 번째 시험에서는 7배로 늘어났습니다. 또한 평균 학습 시간도 시험때마다 5시간에서 8시간으로 점점 증가했습니다.

넷째, 88퍼센트의 학생이 시험 문제를 다시 풀었습니다.

이는 최고의 복습 방법입니다. 72퍼센트의 학생이 시험 문제를 다시 풀어 본 것이 도움이 됐다고 증언했습니다.

이처럼 어떤 결과에 대해 스스로 평가하고, 전략 목표를 재설정하는 과정을 '메타 인지'라고 합니다. 메타 인지는 '생각에 관한 생각'을 의미하며, 자신이 어떤 방식으로 생각하고 학습하는지 인지하고 조절하는 능력을 뜻합니다. 쉽게 말해 내가 알고 모르는 것이 무엇인지 파악하는 능력입니다.

이는 효과적인 학습에 필수적입니다. 공부할 때는 지식을 습득하는 것에 그치지 않고 자신이 어떻게 학습하고 있는지 스스로 점검하고 조정하는 능력이 있어야 성과를 높이기 수월하기 때문입니다.

'나는 어떤 준비를 했는가?'

'그 과정에서 어떤 약점이 있었는가?'

'이번 경험을 바탕으로 앞으로 학습 습관을 어떻게 바꿀 것인가?'

이러한 질문을 시험 직후에 스스로에게 던지면 동기 부여가 되고 이후의 대처 방법에 변화가 일어납니다. 직장인이라면 시험뿐만 아니라 일상적인 업무에도 응용할 수 있을 것입니다.

새로운 시작은
신선한
에너지가 된다

"아, 올해도 다 끝나 가네."

매년 겨울이 지날 때면 이런 생각이 들곤 합니다. '생각해 보니 아무것도 한 게 없네', '작년에 비해 나아진 게 없네' 하고 조급해질 때도 있을 것입니다. 그럴 때 여러분은 다음 중 어느 쪽을 선택하시겠습니까?

1. 올해 남은 기간 동안 목표를 세우고 노력해 본다.

2. 올해는 그냥 보내고 내년 첫날부터 새로운 목표를 세우고 노력한다.

대부분 사람은 우선 남은 기간에라도 집중하는 것을 선택할 것입니다. 포기하지 않고 절망하지 않는 모습은 분명 칭찬할 일입니다. 하지만 실제 목표의 실행 지속률은 어떨까요?

누구나 갖는
새로운 시작의 유혹

2002년 스크랜턴대학교의 존 노크로스 박사팀은 두 그룹을 대상으로 한 연구를 발표했습니다.

"연초에 세운 습관에 대한 목표는 결국 얼마나 지속될까?"

A: 연초에 목표를 제대로 세운 사람.
B: 목표 설정을 미룬 사람.

6개월 후 진행한 조사에서 놀라운 사실이 밝혀졌습니다.

연초에 목표를 세운 A 그룹은 목표를 미룬 B 그룹보다 무려 11배나 더 목표한 습관을 지속하고 있었던 것입니다. 왜 이런 현상이 일어났을까요?

새해가 되면 헬스장은 운동을 결심한 사람들로 붐비고, 서점에서는 새로운 다이어리와 자기 계발 책이 불티나게 팔립니다. 학생들은 '이번 학기에는 진짜 열심히 해야지'라고 다짐하고 직장인들은 '이제는 일과 삶의 균형을 맞춰야지'라고 계획을 세우죠.

펜실베이니아대학교의 헨첸 다이 박사팀은 이렇게 새로운 시작의 순간이 동기부여를 강하게 만드는 현상을 '프레시 스타트 효과(Fresh Start Effect)'라고 명명했습니다.

1년 중에는 '기점'이 되는 특별한 날들이 있습니다. 우리는 기점의 날을 맞이할 때 아주 신선하고 긍정적인 감정을 느끼곤 합니다. 과거의 일은 이미 끝난 일로 흘려보내고, '자, 지금부터가 시작이야!' 하며 기분이 새로워지는 것이죠.

백지의 상태로 도전할 때는 왠지 모르게 결의가 샘솟습니다. 실제로 어제와 달라진 건 하나도 없지만 마음속에서는 '다시 태어난' 상태가 될 수 있는 것입니다. 우리는 생일, 달의 첫 시작일, 심지어 월요일마저도 하나의 기점으로 여기곤 합니다. 그만큼 프레시 스타트 효과는 강력한 것입니다.

우리 마음에는 늘
다시 시작하고 싶은 욕구가 있다

모든 종교 설화에 재생, 정화, 전생에 관한 이야기가 있듯 수많은 기점 중에서도 '연초'는 사회 전체가 새로운 시작을 부추기는 분위기로 변합니다. 그러다 보면 자연스럽게 '지금이 변화의 적기다'라는 생각이 떠오릅니다. 그래서 만약 새로운 목표를 세운다면 차라리 내년 초로 미루는 것도 좋습니다.

"그런데 올해 남은 날들은 어떻게 보내야 하나요? 아무것도 안 하기엔 아깝지 않나요?"

남은 날들은 물론 소중합니다. 그러나 내년 초 스타트 대시(단거리 경주에서 출발 후 최고 속력에 달할 때까지의 전력 질주)를 위해 올해 해 두면 좋을 일을 미리 정리하는 것도 좋습니다.

물리적인 정리뿐만 아니라 인간관계나 업무 방향성 등 현재 상황을 되돌아보고 불필요한 것들은 정리하고 놓아주는 것도 포함됩니다. 기분이 홀가분해질수록 내년 초에 새로운 목표를 세우기 더 수월해져 일을 더 순조롭게 실행할 수 있을 것입니다.

프레시 스타트 효과는 누구에게나 적용됩니다. 중요한 것은 완벽한 시작이 아니라 꾸준히 다시 시작하는 것입니다. '이제라도 시작하면 늦지 않았다'는 마음가짐이야말로 이 효과를 가장 잘 활용하는 방법입니다. 삶의 어느 순간이라도 다시 시작할 수 있다는 것, 그것이야말로 프레시 스타트 효과가 주는 가장 큰 힘일 것입니다.

눈부신 미래는
상상만으로
도움이 된다

"저는 이제 '하고 싶은 것'을 다 이뤄서 바라는 게 없어요."

가끔 강연이나 세미나에서 이런 이야기를 들을 때가 있습니다. 멋지고 대단한 분들이죠. 하지만 저는 그런 분들이야말로 새로운 꿈을 그려 나가야 한다고 생각합니다. 성공했던 과거의 경험도 큰 의미가 있지만, 우리에게는 언제나 앞으로 나아갈 희망이 있기 때문입니다.

미래의 비전이
행동을 결정한다

2014년 캔자스대학교의 마크 J. 랜도 등은 신입생 71명을 두 그룹으로 나눴습니다.

A: 최고의 미래를 상상하게 하기.

B: 가장 좋았던 과거의 기억을 떠올리게 하기.

A 그룹은 '최고 학년 때 아주 좋은 성적을 거둔 나'를 생생하게 상상하고 언어로 표현하도록 했습니다. 예를 들어 "금융 학위를 취득하고 인턴십도 잘 진행돼 성취감과 더 큰 향상심을 느끼고 있다" 같은 식입니다. 다음으로 가장 멋진 내가 되기 위해 학년마다 단계적으로 떠오른 이상적인 자기 모습을 짧은 문장으로 표현해 달라고 했습니다.

반면 B 그룹은 고등학교 3년 동안 가장 좋은 성과를 얻은 순간을 생생하게 떠올리고 언어로 표현하도록 했습니다. 예를 들어 "반에서 상위 10등 안에 들어가서 매우 자랑스러웠다" 같은 식입니다. 그리고 실제 성적도 함께 기록하게 했습니다.

그 후 참가자들은 번거로운 계산 문제 50개를 5분 동안 가능한 한 많이 풀도록 요청받았습니다. 최고의 미래를 상상한 A 그룹은 가장 좋았던 과거의 기억을 떠올린 B 그룹보다 평균 문제 해결률이 약 31퍼센트 더 높았습니다.

즉 미래의 자기 자신을 구체적으로 상상하는 것이 동기 부여와 행동 변화에 긍정적인 영향을 미치는 것입니다. 과거의 성취를 떠올리는 것 역시 자신감 회복에는 도움이 되지만 이미 지나간 경험은 동기 부여의 지속성이 비교적 떨어질 수 있습니다.

반면 이상적인 미래의 나를 구체적으로 그려 보는 과정은 목표 지향적인 사고를 유도하고, 행동을 촉진하는 강력한 원동력이 됩니다. A 그룹은 미래의 성공한 자신을 구체적으로 상상했을 때 그 모습에 가까워지고자 하는 내적 동기가 강화됐고, 이는 즉각적인 문제 해결 능력의 향상으로 이어졌습니다. 결국 '나는 어떤 사람이 되고 싶은가?'라는 질문에 대한 답을 명확히 할수록 목표를 달성하기 위한 행동도 더욱 적극적으로 이뤄질 가능성이 커집니다.

평생 큰 꿈을 그린
일본 최고의 개인 투자자

실제로 제가 만난 성공한 사람들은 늘 성장과 기여에 매진했습니다. 특히 기억에 남는 인물은 일본 최고의 개인 투자자이자 다케다제과의 창업자인 고 다케다 와헤이입니다.

저는 이상적인 미래의 모습을 그림이나 사진으로 표현하고 그것을 코르크 보드에 붙이고 매일 미래의 나와 대화하는 꿈 실현법인 '보물 지도' 메소드를 소개하고 있었고, 와헤이 씨 역시 이 보물 지도에 큰 관심을 보여 출판사의 소개로 그를 만날 수 있었습니다.

당시 저는 매우 긴장했습니다. 무엇보다 일본 최고의 부자이자 큰 성공을 거둔 사람에게 꿈을 실현하는 법을 설명해야 했기 때문입니다. 하지만 와헤이 씨는 학습에 대한 뜻이 매우 깊었습니다. 그는 "이게 저의 보물 지도입니다"라고 말하며 자신이 꿈꾸는 1만 평 규모의 시설을 본뜬 입체적인 보물 지도를 제게 보여 줬습니다. 코르크 보드에 사진을 붙이기만 하는 것보다 입체 모형을 만들면 미래의 이미지가 훨씬 명확해질 수밖에 없습니다. 당시 와헤이 씨의 보물 지도를 보며 '이렇게까지 하다니!' 하며 크게 놀랐던 기억이 어제처럼 생생합니다.

인생에는 미지의 난제가 끝없이 존재합니다. 난관에 부딪혔을 때 과거의 빛나는 기억이 자신감을 주기도 하지만, 그보다 더 활력을 주는 것은 바로 앞으로 다가올 최고의 미래를 상상하는 것입니다. 여러분도 꼭 꿈을 업그레이드해 나가길 바랍니다.

'하지 말아야 했을 일'보다
'해야 했을 일'을
떠올려라

"세상에는 성공한 사람과 실패한 사람이 있다."

격차 사회라고 불리는 이 시대에 많은 사람이 이런 문장을 믿고 살아갑니다. 하지만 저는 40년간 수만 명의 인생을 관찰해 오며 결국 세상에 인간은 두 종류뿐이라는 확신을 갖게 됐습니다.

1. 실패와 성공을 반복하며 평생 계속해서 전진하는 사람.

2. 한 번의 실패를 겪고 멈춘 채 인생을 끝내는 사람.

후회보다 중요한 건
앞으로 나아갈 방법을 찾는 것이다

성공한 사람과 실패한 사람을 나누는 기준은 무엇일까요? 그것은 바로 '실패했을 때의 태도'입니다. 많은 사람은 실패를 되돌아볼 때 자신을 비난하거나 비판합니다. '어째서 그런 바보 같은 짓을 했을까?', '그때 왜 그걸 안 했을까?' 같은 식입니다. '실패했을 때 느낀 억울함을 잊지 말자!' 하고 다짐하는 사람도 있습니다. 하지만 이는 과학적으로 좋은 방법이 결코 아닙니다.

우리는 과거의 경험을 바탕으로 미래의 행동을 선택합니다. 어떤 행동을 마음속에서 반복하면 미래에 그 행동을 실제로 선택할 가능성도 높아집니다. 즉 '그런 건 하지 말았어야 했는데!'라고 계속 자책하는 것은 뇌 내에서 그 '하고 싶지 않았던 일'을 반복해서 리허설하고 있는 것과 마찬가지입니다. 다음에 비슷한 상황을 맞닥뜨렸을 때 다른 결과를 얻고 싶다면 평소 '이렇게 했어야 했는데!' 같은 긍정적인 생각을 반복해야 합니다.

2014년 샌프란시스코주립대학교 연구팀은 실패를 성공으로 바꾸는 획기적인 프로세스를 발표했습니다.

1단계: 후회와 갈등을 느꼈던 과거의 행동을 떠올립니다.

2단계: '그 당시 나의 능력과 환경의 범위에서는 최선의 선택이었고, 그렇게 행동할 수밖에 없었다'고 생각하며 과거의 나를 받아들입니다.

3단계: '조금 더 성장해서 지혜가 생긴 지금의 나라면 어떤 다른 방법을 쓸 수 있었을까?'라고 묻습니다.

4단계: 과거의 상황으로 돌아가 지금 갖고 있는 지혜를 사용해 당시 할 수 없었던 행동을 하는 나를 상상합니다. 오감을 모두 사용해 이미지 속으로 더 깊게 몰입하는 것이 핵심입니다.

5단계: 과거를 다시 쓰고 이를 극복한 나를 미소 지으며 축하합니다.

연구팀은 70명의 학생들 중 일부에게 이 과정을 몇 주 동안 시도하도록 요청했습니다. 그 결과, 이 과정을 시도한 학생은 그렇지 않은 학생보다 스스로 느끼는 생산성과 에너지가 3배 이상 상승했으며 일을 미루는 경향은 절반 이하로 줄었습니다. 실험 참가자 대다수는 실패를 성공으로 바꾸면 바꿀수록 힘이 솟아나며 '다시 해 보자!' 하는 의욕이 강해졌다고 증언했습니다.

연구는 실패를 좌절이 아니라 성장의 도구로 활용할 수 있는 방법을 구체적으로 제시한다는 점에서 의미가 있습니다. 흔히 실패를 경험하면 자책하거나 부정적인 감정에 빠지기 쉽지만 이를 적극적으로 받아들이고 새로운 시각으로 재해석하면 과거의 경험이 오히려 성공의 디딤돌이 되는 것입니다.

특히 2단계에서 자신의 행동을 정당화하는 것이 아니라 당시의 환경과 능력을 고려해 스스로를 이해하는 과정은 '자기 연민'과 연결되며 심리적 회복력을 높이는 데 중요한 역할을 합니다.

또한 단순히 반성하는 것에서 끝나는 것이 아니라 현재의 시점에서 과거의 자신에게 더 나은 선택을 제시하고 이를 생생하게 상상하는 과정이 포함된다는 점도 흥미롭습니다. 이는 심리학에서 자주 언급되는 '멘탈 시뮬레이션' 기법과 유사한 효과를 냅니다. 미래의 자신을 시각화하면 실제로 그러한 행동을 할 확률이 높아지는 것처럼 과거의 실패를 극복한 자신을 이미지화 한다면 앞으로의 행동 변화에도 긍정적인 영향을 미친다는 것입니다.

실패를 긍정적으로 재해석한 학생들은 생산성이 증가하고, 의욕이 상승하며, 일을 미루는 습관이 줄어드는 효과를 경험했습니다. 결국 실패는 극복할 수 없는 장애물이 아니라 올바른 방법으로 활용하는 순간 오히려 앞으로 나아가기 위한 강력한 원동력이 될 수 있다는 것을 시사합니다.

건강한 후회는
빛나는 미래를 부른다

저는 일본의 가장 오래된 가톨릭대학인 조치대학교에 다녔습니다. 4년 동안 일본 최고의 외국어 교육을 마음껏 받을 수 있는 곳에 있었던 것입니다.

하지만 당시에는 그 소중함을 알지 못했습니다. 그저 아르

바이트를 하거나 노는 데 시간을 허비하며 대학 생활을 보냈습니다.

저는 능력 개발과 자기 계발의 세계에 발을 디디고 나서야 비로소 영어의 중요성을 뼈저리게 느꼈습니다. 국내에서 강의를 하거나 출판하는 데에는 전혀 지장이 없었습니다. 하지만 최신 정보와 기술은 대부분 미국을 중심으로 한 서구에서 시작되는 경우가 많았고 이를 습득하려면 누군가가 번역해 주기를 기다리는 수밖에 없었습니다.

만약 제가 영어를 더 잘했다면 더 많은 것을 빨리 배우고 세계 곳곳을 다니며 강연도 할 수 있었을 것입니다. 세월이 흐를수록 그런 생각은 더 깊어만 갔습니다. 그래서 저는 과거를 고쳐 쓰기로 결심했습니다.

'만약 지금의 내가 대학 시절로 돌아가 영어를 배운다면 어떤 접근 방식을 택했을까?'

저는 '인생을 걸고 추구해 온 것들을 영어로 세상에 발표하기'가 목표였습니다. 생각해 보면 대학 시절에는 세계를 향해 전하고 싶은 메시지가 특별히 없었습니다. 그래서 진지하게 영어를 배우지 않았던 것입니다.

감사하게도 지금은 꼭 전하고 싶은 메시지가 많습니다. 다시 말해 언제가 됐건 '지금'이 영어를 배우기에 최적기라는 것입니다. 그렇게 생각하니 마음속에서 에너지가 솟아올랐습니다. 그러자 새로운 기회가 찾아왔습니다. 전 세계에 메시지를 전하는 'TED×강연' 무대에 오르는 기회를 얻은 것입니다.

저는 제 삶을 구해 준 세계적인 건강법 '레이키'를 주제로 약 7분간의 영어 스피치를 연습했습니다. 저는 2023년 65세가 되던 해 스피치를 했고 이는 구독자 4,230만 명을 자랑하는 세계적인 유튜브 채널에서 방영됐습니다. 저는 이를 계기로 세계로 진출하는 꿈을 가슴에 품고 지금도 착실하게 꿈을 향해 나아가고 있습니다. 60대의 나이에도 세계로 진출할 생각에 항상 두근거리곤 합니다.

과거를 바꿀 수는 없지만, 후회를 반성하고 지금 당장 바꿀 수 있는 것들에 집중하는 순간 실수는 오히려 성장의 발판이 될 것입니다. '그때 시작할걸 그랬다'를 '지금 시작하자'로 바

꾸는 순간 우리는 생각뿐만 아니라 현실까지 변화시킬 수 있

을 것입니다.

시간 지도의 이정표 5

미루는 습관을 고치고 싶을 때 가장 먼저 해야 할 일은?

✗ 해야만 하는 이유를 적는 것부터 시작한다.

○ 주변 공간을 정리해 마음가짐을 다잡는다.

시간이 너무 빠르게 지나가 허무함을 느낄 때는?

✗ 다른 사람에게 시간을 빌리거나 도움을 청한다.

○ 다른 사람을 위해 시간을 쓰며 보람을 느낀다.

지루하고 시간이 더디게 간다면?

✗ 지루함을 달래기 위해 무언가를 찾아 몰두한다.

○ 지루함을 즐기며 새로운 깨달음을 얻는다.

지금 이 순간 행복해지려면?

✗ 나 자신에게 선물을 주며 기분을 전환한다.

○ 다른 사람에게 선물을 주고 그들의 행복에서 나의 행복을 찾는다.

일이나 학업으로 인한 우울감을 줄이려면?

✗ 휴식 후의 상쾌함을 기대한다.

○ 다음 휴식에 대한 설렘을 떠올리며 현재에 충실하도록 노력한다.

시험이나 심사를 되돌아볼 최적의 타이밍은?

✗ 다음 공부를 시작할 때 반추한다.

○ 시험 직후 생생한 기억 속에서 되돌아본다.

한 해의 마지막에 '올해도 제대로 한 게 없네'라고 느낀다면?

✗ 남은 날들을 목표에 얽매여 급박하게 보낸다.

○ 올해는 정리와 정돈의 시간으로 삼고 목표는 내년에 세운다.

인생에서 하고 싶은 일을 전부 했다고 느낀다면?

✗ 과거의 좋은 기억만 떠올린다.

○ 새로운 도전과 꿈을 찾아 앞으로 나아간다.

실패 경험을 시간 낭비로 만들지 않으려면?

✗ 실패의 아픔을 잊지 않으려 애쓴다.

○ 실패를 성공의 밑거름으로 삼아 교훈으로 전환한다.

당신의 시간 지도는
어디를
가리키고 있나요?

이 책을 쓰는 동안 항상 옆에 두고 있던 한 편의 이야기가 있습니다.

그 상인은 시간을 팔고 있었다.

"어서 오세요. 시간은 어떠세요? 1분부터 주문받습니다."

한 남자는 상인에게 1시간을 샀다.

1시간을 산 남자는 그 시간을 책을 읽는 데 썼다.

한 여자는 일주일을 샀다.

일주일을 산 여자는 그 시간을 해외 여행에 썼다.

"10년이 필요한데 말야….”

한 노인은 상인에게 물었다.

"손님, 10년은 조금 비쌉니다만….”

"상관없네, 10년 분만 줘 보게.”

10년을 산 노인은 그 시간을 병든 아내에게 선물했다.

지금까지 소개한 시간 관리법을 통해 활용할 수 있는 시간이 크게 늘어났을 것입니다. 그렇다면 그 시간을 무엇에 사용하는 게 좋을까요? 저는 '나 이외의 소중한 사람들을 위해 쓰는 것'을 추천합니다. 앞서 소개한 이야기는 바로 그 점을 전하고 싶어서 인용한 것입니다.

다시 한 번, 이 책을 끝까지 읽어 주셔서 감사합니다. 67세가 되자 비로소 깨닫게 됐습니다. 지금의 제가 존재할 수 있는 것은 셀 수 없이 많은 사람이 저를 위해 시간을 쓰고 제게 시간을 줬기 때문이라는 사실을 말입니다. 누군가가 목숨을 걸고 저를 위해 시간을 줬기 때문에 오늘까지 제가 살아 있을 수 있었습니다. 이 책은 그런 분들에게 보답하는 마음을 담았습니다. 당신과 당신의 소중한 사람들을 위해 삶을 되돌아보는 계기가 되기를 바랍니다.

참고 문헌

제1장

- Zhu, Meng. et al. The mere urgency effect. Journal of Consumer Research. 2018, 45(3), 673-690.
- Clear, James. "The Ivy Lee Method: The Daily Routine Experts Recommend for Peak Productivity". James Clear.
- グレッグ・マキューン.《エッセンシャル思考 最小の時間で成果を 最大にする》高橋瑠子訳. かんき出版, 2014, 320p.
- Okada, T.; Ishibashi, K. Imitation, Inspiration, and Creation: Cognitive Process of Creative Drawing by Copying Others' Artworks. Cognitive Science. 2017, 41(7), 1804-1837.
- ロン・フリードマン.《リバース思考 超一流に学ぶ〈成功を逆算〉する方法》南沢篤花訳. かんき出版, 2023, 384p.
- Mehr, Katie S. et al. Copy-Paste Prompts: A New Nudge to Promote Goal Achievement. Journal of the Association for Consumer Research. 2020, 5(3), 329-334.
- Eysenck, Michael W. et al. Anxiety and cognitive performance: Attentional control theory. Emotion. 2007, 7(2), 336-353.
- クリス・ベイリー.《CALM YOUR MIND 心を平穏にして生産性を高める方法》児島修訳. 朝日新聞出版, 2023, 368p.
- LaFreniere, Lucas S.; Newman, Michelle G. Exposing Worry's Deceit: Percentage of Untrue Worries in Generalized Anxiety Disorder Treatment. Behavior Therapy. 2020, 51(3), 413-423.
- Higgins, Raymond L. et al. SelfHandicapping: The Paradox That Isn't. Plenum Press, 1990, 292p.
- Takeuchi, Hikaru. et al. Anatomical correlates of self- handicapping tendency. Cortex. 2013, 49(4), 1148-1154.
- Olivola, Christopher Y. The interpersonal sunk-cost effect. Psychological Science. 2018, 29(7), 1072-1083.
- 松原知基. "〈コンコルド効果〉と〈国の威信〉… 隘路の三菱スペース ジェット". 読売新聞オンライン.
- Vozza, Stephanie. "Why quitting on time is key to winning at work". Fast

Company.

· The Fearless Company. "The Power of Quitting". TRANSCEND.
· Sharif, Marissa A. et al. Having Too Little or Too Much 199 Time Is Linked to Lower Subjective Well-Being. Journal of personality and social psychology. 2021, 121(4), 933-947.
· Rodin, Judith.; Langer, Ellen. Long-Term Effects of a Control- Relevant Intervention with the Institutionalized Aged. Journal of personality and social psychology. 1977, 35(12), 897-902.
· Sherman, Gary D. et al. Leadership is associated with lower levels of stress. Proc. Natl. Acad. Sci. USA. 2012, 109(44), 17903-17907.

제2장

· Masicampo, E. J.; Baumeister, Roy F. Consider it done! Plan making can eliminate the cognitive effects of unfulfilled goals. Journal of personality and social psychology. 2011, 101(4), 667- 683.
· Milne, Sarah. et al. Combining motivational and volitional interventions to promote exercise participation: Protection motivation theory and implementation intentions. British Journal of Health Psychology. 2002, 7(2), 163-184.
· Milkman, Katherine L. et al. Using implementation intentions prompts to enhance influenza vaccination rates. Proc. Natl. Acad. Sci. USA. 2011, 108 (26), 10415-10420.
· クリストファー・コックス.《締め切りを作れ. それも早いほどいい. 時間と質を両立する仕組み》斎藤栄一郎訳. パンローリング, 2022, 336p.
· Swann, Christian.; Goddard, Scott. "Let it happen or make it happen? There's more than one way to get in the zone". The Conversation.
· 堀江宏樹.《偉人の年収》イースト・プレス, 2022, 240p.
· Cherry, Kendra. "What Is Parkinson's Law?". Verywell Mind.
· Ariely, Dan.; Wertenbroch, Klaus. Procrastination, Deadlines, and Performance: Self-Control by Precommitment. Psychological Science. 2022, 13(3), 219-224.
· Liu, Wendy.; Aaker, Jennifer L. The Happiness of Giving: The Time-Ask Effect. Journal of Consumer Research. 2008, 35(3), 543-557.

- D'Argembeau, A. et al. Frequency, characteristics and functions of future-oriented thoughts in daily life. Applied Cognitive Psychology. 2011, 25(1), 96-103.
- Newby-Clark, I. R. et al. People focus on optimistic scenarios and disregard pessimistic scenarios when predicting task 201 completion times. Journal of Experimental Psychology. 2000, 6(3), 171-182.
- クラウディア・ハモンド.《脳の中の時間旅行 なぜ時間はワープするのか》渡会圭子訳. インターシフト, 2014, 304p.
- Tabak, Lawrence. "If Your Goal Is Success, Don't Consult These Gurus". Fast Comyany.
- Galas, Laura. "Where can I find information on Yale's 1953 goal study?". Yale University Library.
- Matthews, Gail. "The Impact of Commitment, Accountability, and Written Goals on Goal Achievement". Dominican Scholar.
- Alter, Adam L.; Hershfield, Hal E. People search for meaning when they approach a new decade in chronological age. Proc. Natl. Acad. Sci. USA. 2014, 111(48), 17066-17070.

제3장

- Niemiec, Christopher P. et al. The Path Taken: Consequences of Attaining Intrinsic and Extrinsic Aspirations in Post- College Life. Journal of Research in Personality. 2009, 73(3) 291-306.
- ジョーナ・バーガー.《インビジブル・インフルエンス 決断させる 力》吉井智津訳. 東洋館出版社, 2016, 368p.
- ジェームズ・クリアー.《ジェームズ・クリアー式 複利で伸びる1つの習慣》牛原眞弓訳. パンローリング, 2019, 328p.
- テレサ・アマビール, スティーブン・クレイマー.《マネジャーの最も 大切な仕事 95%の人が見過ごす〈小さな進捗〉の力》中竹竜二 監訳. 樋口武志訳. 英治出版, 2017, 388p.
- スティーブン・ジョンソン.《イノベーションのアイデアを生み出す七つの法則》松浦俊輔訳. 日経BP, 2013, 352p.
- Marti, Sébastien. et al. Time-Resolved Decoding of Two Processing Chains during Dual-Task Interference. Neuron. 2015, 88(6), 1297-1307.

· American Psychological Association. "Multitasking: Switching costs". American Psychological Association.
· Craik, Fergus I. M.; Tulving, Endel. Depth of processing and the retention of words in episodic memory. Journal of Experimental Psychology. 1975, 104(3), 268-294.
· Rogers, Robert D.; Monsell, Stephen. Costs of a predictible switch between simple cognitive tasks. Journal of 203 Experimental Psychology. 1995, 124(2), 207-231.
· Watson, Jason M.; Strayer, David L. Supertaskers: Profiles in extraordinary multitasking ability. Psychonomic Bulletin & Review. 2010, 17, 479-485.
· Sanbonmatsu, David M. et al. Who Multi-Tasks and Why? Multi-Tasking Ability, Perceived Multi-Tasking Ability, Impulsivity, and Sensation Seeking. PLoS One. 2013, 8(1), e54402.
· Gordon, Sherri. "Want to Be More Productive? Use Time Blocking to Keep Your Days Stress-Free". Verywell Mind.
· Wansink, Brian.; van Ittersum, Koert. Portion size me: plate- size induced consumption norms and win-win solutions for reducing food intake and waste. Journal of Experimental Psychology: Applied. 2013, 19(4), 320-332.
· Smeets, Paul. et al. Time Use and Happiness of Millionaires: Evidence From the Netherlands. Social Psychological and Personality Science. 2020, 11(3), 295-307.

제4장

· Lally, Phillippa. et al. How are habits formed: Modelling habit formation in the real world. European Journal of Social Psychology. 2010, 40(6), 998-1009.
· Lopez, Gregory. "Want to form some new daily habits? We ran a massive study to explore which techniques work best". ClearerThinking.
· Kaushal, Navin.; Rhodes, Ryan E. Exercise habit formation in new gym members: a longitudinal study. Journal of Behavioral Medicine. 2015, 38(4), 652-663.
· オリバー・バークマン.《限りある時間の使い方 人生は〈4000週 間〉あなたはどう使うか?》高橋瑠子訳. かんき出版, 2022, 304p.

· Rothbard, Nancy P.; Wilk, Steffanie L. Waking up on the right or wrong side of the bed: Start-of-workday mood, work events, employee affect, and performance. Academy of Management Journal. 2011, 54(5), 959-980.

· クリスティー・アシュワンデン.《Good to Go 最新科学が解き明 かす, リカバリーの真実》児島修訳. 青土社. 2019, 320p.

· ケビン・クルーズ.《1440分の使い方 成功者たちの時間管理15の 秘訣》木村千里訳. パンローリング. 2017, 259p.

· Sasaki, Nobunari. et al. Violet light modulates the central nervous system to regulate memory and mood. 205 Cold Spring Harbor Laboratory.

· Jiang, Xiaoyan. et al. Violet light suppresses lens-induced myopia via neuropsin(OPN5) in mice. Proc. Natl. Acad. Sci. USA. 2021, 118(22).

· 山梨の目医者. "バイオレットライトとニューロプシン(Opn5)". 目医者 情報.

· Wright, Kenneth P. "Relationship between alertness, performance, and body temperature in humans". Am J Physiol Regul Integr Comp Physiol. 2002, 283(6), 1370-1377.

· ヴィム・ホフ,コエン・デ=ヨング.《ICEMAN 病気にならない体の つくりかた》小川彩子訳. サンマーク出版, 2018, 198p.

· やま.《うつゼロシャワー~25年うつ人生を乗り越えた〈ふくらはぎシャワー〉のススメ》やま出版, 2021, 66p.

· Emmons, Robert A.; McCullough, Michael E. Counting blessings versus burdens: an experimental investigation of gratitude and subjective well-being in daily life. Journal of Personality and Social Psychology. 2003, 84(4), 377-389.

· Telegraph Media Group. "Reading 'can help reduce stress'". The Telegraph.

· Corley, Tom. "16 Rich Habits". SUCCESS.

· Lavie, Nilli.; Fox, Elaine. The role of perceptual load in negative priming. J Exp Psychol Hum Percept Perform. 2000, 26(3), 1038-1052.

· Harackiewicz, Judith M.; et al. Closing achievement gaps with a utility-value intervention: Disentangling race and social class. Journal of Personality and Social Psychology. 2016, 111(5), 745-765.

· ダニエル・ピンク.《When 完璧なタイミングを科学する》勝間和 代訳. 講談社, 2018, 317p.

· WB&A Market Research. 2006 sleep in America poll. National Sleep Foundation.

· 越川慎司.《仕事は初速が9割》クロスメディア・パブリッシング, 2023, 256p.

· Mental Health Foundation. "Work-life balance". Mental Health Foundation.

· Danziger, Shai. Extraneous factors in judicial decisions. Proc. 207 Natl. Acad. Sci. USA. 2011, 108(17), 6889-6892.

· ジュリエット・ファント.《WHITE SPACE ホワイトスペース 仕事 も人生

· もうまくいく空白時間術》三和美矢子訳. 東洋経済新報社, 2022, 360p.

· クリスティーン・ポラス.《Think COMMUNITY〈つながり〉こそ 最強の生存戦略である》早野依子訳. PHP研究所, 2022, 368p.

· Albulescu, Patricia. et al. "Give me a break!" A systematic review and meta-analysis on the efficacy of micro-breaks for increasing well-being and performance. PLoS One. 2022, 17(8).

· Kim, Sooyeol. et al. Micro-break activities at work to recover from daily work demands. Journal of Organizational Behavior. 2016, 38(1), 28-44.

· PsychGuides.com. "Signs and Symptoms of Cell Phone Addiction". PsychGuides.com.

· Weller, Chris. "Bill Gates and Steve Jobs Limited Screen Time for Their Kids". Business Insider.

· Bhatia, Manjeet Singh. Cell Phone Dependence -a new diagnostic entity. Delhi Psychiatry Journal. 2008, 11(2), 123-124.

· ブルース・デイズリー.《Google・YouTube・Twitterで働いた僕 がまとめたワークハック大全 仕事がサクサク終わってラクになれる 科学的メソッド》児島修訳. ダイヤモンド社, 2020, 360p.

· 館農勝.〈インターネット依存の新しいかたち:スマートフォン依存(スマホ依存)〉精神神経学雑誌. 2019, 121(7), 525-525.

· 星友啓.〈脳を活かすスマホ術 スタンフォード哲学博士が教える 知的活用法〉朝日新書, 2023, 216p.

· Dolan, Paul. Happiness questions and government responses: A pilot study of what the general public makes of it all. Revue d'économie politique. 2011, 121(1), 3-15.

· Gilbert, Daniel T. et al. Immune neglect: a source of durability bias in affective forecasting. Journal of Personality and Social Psychology. 1998, 75(3), 617-638.

· Lyubomirsky, Sonja. et al. The benefits of frequent positive affect: does happiness lead to success?. Psychological Bulletin. 2005, 131(6), 803-855.

· Goudreau, Jenna. "Are You Investing In The Happiness Advantage?".

Forbes.
· Bryant, Fred B.; Veroff, Joseph. Savoring: A new model of positive experience. Psychology Press, 2006, 294p.

제5장

· Ferrari, Joseph R. et al. Procrastinators and Clutter: An Ecological View of Living with Excessive "Stuff". Current Psychology. 2018, 37, 441-444.
· Roster, Catherine A.; Ferrari, Joseph R. Does work stress lead to office clutter, and how? Mediating influences of emotional exhaustion and indecision. Environment and Behavior. 2020, 52(9), 923-944.
· McMains, Stephanie.; Kastner, Sabine. Interactions of top- down and bottom-up mechanisms in human visual cortex. Journal of Neuroscience. 2011, 31(2), 587-597.
· Webster, Mekissa."Bridging the information Worker Productivity Gap in Western Europe: New Challenges and Opportunities for IT". IDC Analyze the Future.
· Hamilton, David R."Why time speeds up as you age". David R Hamilton PHD from Ready Steady Websites.
· Bejan, Adrian. Why the Days Seem Shorter as We Get Older. European Review. 2019, 27(2), 187-194.
· Mogilner, Cassie. et al. Giving Time Gives You Time. Psychological Science. 2012, 23(10), 1233-1238.
· Lomas, Tim. A meditation on boredom: Re-appraising its value through introspective phenomenology. Qualitative Research in Psychology. 2017, 14(1), 1-22.
· Gilbert, Daniel. Stumbling on Happiness. Knopf, 2006, 304p.
· Dunn, Elizabeth. et al. Spending money on others promotes happiness. Science. 2008, 319(5870), 1687-1688.
· Rudd, Melanie. et al. Getting the most out of giving: Concretely framing a prosocial goal maximizes happiness. Journal of Experimental Social Psychology. 2014, 54, 11-24.
· Pindek, S. et al. Workdays are not created equal: Job satisfaction and job stressors across the workweek. Human Relations. 2021, 74(9), 1447-1472.

· Gezer-Templeton, P. Gizem. et al. Use of Exam Wrappers to Enhance Students' Metacognitive Skills in a Large Introductory Food Science and Human Nutrition Course. Journal of Food Science Education. 2017, 16(1), 28-36.
· Norcross, John C. et al. Auld lang syne: success predictors, 211 change processes, and self-reported outcomes of New Year's resolvers and nonresolvers. Journal of Clinical Psychology. 2002, 58(4), 397-405.
· Dai, Hengchen. et al. The fresh start effect : Temporal landmarks motivate aspirational behavior. Management Science. 2014, 60(10), 2563-2582.
· Landau, Mark J. et al. The college journey and academic engagement: How metaphor use enhances identity-based motivation. Journal of Personality and Social Psychology. 2014, 106(5), 679-698. Peper, Erik. et al. Increase Productivity, Decrease Procrastination, and Increase Energy. Biofeedback. 2014, 42(2), 82-87.
· TEDx Talks."Reiki-Amazing technique to express your love | Toshitaka Mochizuki | TEDxBorrowdale". Youtube.